新时代教育高质量发展书系
XINSHIDAIJIAOYUGAOZHILIANGFAZHANSHUXI

语以启思 文以化人

一位特级教师30年的思与行

张海宏◎著

中国大百科全书出版社　　知识出版社

图书在版编目（CIP）数据

语以启思，文以化人： 一位特级教师30年的思与行 / 张海宏著. -- 北京 ： 知识出版社，2021.4
ISBN 978-7-5215-0352-4

Ⅰ．①语… Ⅱ．①张… Ⅲ．①小学语文课— 教学研究 Ⅳ．①G623.202

中国版本图书馆CIP数据核字(2021)第065347号

语以启思，文以化人：一位特级教师 30 年的思与行　　　　张海宏　著

出 版 人	姜钦云
图书统筹	王云霞
责任编辑	王云霞
责任印刷	李宝丰
出版发行	知识出版社
地　　址	北京市西城区阜成门北大街 17 号
邮　　编	100037
电　　话	010-88390659
印　　刷	北京一鑫印务有限责任公司
开　　本	710mm×1000mm 1/16
印　　张	13.75
字　　数	173 千字
版　　次	2021 年 4 月第 1 版
印　　次	2023 年 3 月第 2 次印刷
书　　号	ISBN 978-7-5215-0352-4
定　　价	40.00 元

序

教育是关乎千家万户的事业，任何一个社会，都需要教育思想的引领。时代在变，教育也在变。然而，变中也有"不变"，所以，我们要对教育进行哲学的思考，只有搞清楚了哪些需要变，哪些不能变，才能真正做好教育。而教育的本质是什么，什么是好的教育，理想的教育是什么样的，这些最基本的教育问题应是教育哲学思考的源头。只有弄清楚这些最基本的问题，我们才能找到正确的方向，办出有质量的教育。

教育是培养人的事业，是一个通过培养人让人类不断走向崇高、生活更加美好的事业。因此，教育最重要的任务是塑造美好的人性，培养美好的人格，使学生拥有美好的人生。如何达成这样的目标？那就需要一批有理想、有情怀、有追求、有实干精神的校长和教师，用自己的青春和智慧去践行。而在现实中，也确实有这样一群人，他们热爱教育事业，关爱每一个学生，一步一个脚印，用脚去丈量教育，用心去感受教育，用智慧去点亮教育。

如何将这样一群人聚在一起，用他们的智慧去影响更多的教师？

中国大百科全书出版社、知识出版社策划出版了"新时代教育高质量发展书系"，进行了可贵的探索。他们在全国范围内汇聚了60名优秀的教育工作者，这些教育工作者大多是扎根教育一线的优秀校长和教师。书中的经验、实践、体会和思想，既有教学的艺术，也有管理的智慧；既有育人的技巧，也有师德的弘扬；既有教师的发展思考，也有校长的成长感悟；既有师生关系的融通之术，也有家校关系的弥合之道。60本书，60个点，每一个点都是一门学问，一门艺术。

我今年给"新教育"的同人写过一封新年信，题目是"让教育沐浴人性的光辉"，从三个方面对教师的工作提出了建议。我也把这三条建议送给这套丛书的作者和读者朋友。

　　一是要善待我们自己。要珍惜时间，张弛有度，让人生丰盈；发现教师职业魅力，做一个善于享受教育生活的人；培养健康的爱好，做一个有生活情趣的人；与学生一起成长，做一个在教育过程中不断进取的人；不断挑战自我的最高峰，做一个创造自己生命传奇的人。

　　二是要善待学生。要把学生作为一个真正的人看待，让学生能够张扬自己的个性，发挥自己的潜能，成为更好的自己。在我们教室里的学生，首先是活生生的生命。我们应该从生命的角度考虑，如何帮助他成为一个人，一个有理想、有激情、有智慧的人，一个能够适应社会并且受人欢迎的人，一个挖掘自身潜能、张扬不同个性的人。

　　三是要把教育的温暖传递给社会。许多问题，归根结底是教育的问题。尽管我们任何一个人，作为个体的力量都是有限的，但是，再渺小的个体，也能够温暖身边的人。所以，我们要让所有和我们相遇的人，都能够感受到我们的美好和温暖，这也是让人与人之间，让全社会变得更美好、更温暖的有效方式。

　　有人性的人是明亮的，有人性的教育是光明的。让教育沐浴人性的光辉，我们的今天将会更加幸福，我们的明天将会更加美好，我们的世界将会因此璀璨。

　　是以为序。

朱永新

2020 年 5 月 1 日

目　录

教育之思

管理之思

阅读之思

行走之思

教育之思

小学生应该读什么书？

　　小学生应该读什么书？这是一个看似很简单的问题，但是真正回答起来却不容易。当今社会，随着信息技术的不断发展，无书可读的时代早已过去，取而代之的是书籍浩如烟海，让人无从下手。当然，茫茫书海中蕴含着"珍珠"，也夹杂着"泥沙"，良莠不齐、鱼目混珠的现象比比皆是。对于一名小学生来讲，读什么书，怎么读书，是非常重要的问题。

一、从一份调查数据看"阅读"

　　2015年10月，在北京师范大学小学教育研究中心的指导下，中关村第一小学联合北京小学、北京师范大学实验小学、北京市东城区史家小学，针对六年级学生开展了关于小学生语文素养相关情况的调查。其中，根据学生课外阅读的调查情况，可发现以下几点：

　　1. 阅读是儿童最喜欢的语文学习活动，超过一半的儿童最喜欢阅读；

　　2. 绝大多数儿童一学期能读10本书以上，每天都会有20~60分钟的阅读时间，有两成儿童会超过1小时，也有17%左右的儿童每天阅读时间不足20分钟；

　　3. 儿童会依照自己的兴趣选择阅读内容，且种类繁多，以"休闲小说""经典著作""科普读物"和"漫画"为主；

4.男女生在阅读内容上差异较为明显，男生倾向于"科普读物"，女生倾向于"休闲小说"，而喜欢国学的同学相对较少；

5.儿童课外阅读的主要书籍是自主选择喜欢读的书，也有同学交流、老师、家长推荐的。

可以看出：作为小学阶段的最高年级，六年级小学生已经初步养成了良好的阅读习惯，形成了初步的阅读能力。但是，也有一部分学生每天阅读时间不足。另外，六年级学生的阅读已经逐渐由"他主"转向"自主"，但在"读什么书"这个问题上仍须教师进一步指导。

二、从《课标》建议看"阅读"

《义务教育语文课程标准》（2011版）要求学生九年课外阅读总量达到400万字以上，阅读材料包括适合学生阅读的各类图书和报刊。对此提出如下建议：

童话，如《安徒生童话》《格林童话》、叶圣陶的《稻草人》、张天翼的《宝葫芦的秘密》等。

寓言，如中国古今寓言、《伊索寓言》等。

故事，如成语故事、神话故事、中外历史故事、各民族民间故事等。

诗歌散文作品，如鲁迅的《朝花夕拾》、冰心的《繁星·春水》《艾青诗选》《革命烈士诗抄》、中外童谣、儿童诗歌等。

长篇文学名著，如吴承恩的《西游记》、施耐庵的《水浒传》、老舍的《骆驼祥子》、罗广斌、杨益言的《红岩》、笛福的《鲁滨孙漂流记》、斯威夫特的《格列佛游记》、夏洛蒂·勃朗特的《简·爱》、高尔基的《童年》、奥斯特洛夫斯基的《钢铁是怎样炼成的》等。

教师可根据需要，从中外各类优秀文学作品中选择合适的读物，向学生补充推荐。

科普科幻作品，如儒勒·凡尔纳的系列科幻小说，各类历史、文化读物及传记，以及介绍自然科学与社会科学常识的普及性读物等，可由语文教师和各有关学科教师商议推荐。

可以看出，课程标准的推荐中不仅涉及所读文章的体裁与类别，而且列出了典型的篇目。当然，这是作为国家课程背景层面的推荐，相对来讲过于宏观。具体到学校及学生个人，还应该进一步使之校本化，以便为学生提供更加有效的阅读指导。

三、从儿童立场看"阅读"

在"中国知网"中输入"阅读策略"关键词，可以得到32156条结果，而输入"阅读""儿童立场"关键词，仅得到116条结果。可见，在现实研究中，更多的教师关注的是"如何读"，而对阅读的主体有所忽视。卢梭认为教育的任务是使儿童"归于自然"，使儿童在"自然"的社会状态中保持人的"自然"；杜威在教育中倡导以儿童的生活为出发点。儿童立场是现代学校教育的出发点和归宿。教育应立足儿童、发现儿童、为了儿童，儿童立场的教育顺应儿童天性，开发儿童潜质，为儿童的终身发展积蓄充沛的动力和能量。小学是教育的基础阶段，也是人生命成长的起点，教育只有把儿童当作一个完整的、成长中的人，才能真正找到自己的真实定位。

阅读是为了提升儿童的阅读能力和综合素养。因此，在阅读过程中，应该确保儿童的中心地位。教师、家长应当时刻清醒地认识到，成人是为儿童的阅读服务的，儿童才是阅读的主人。从阅读内容的选择、阅读任务的布置、阅读感受的交流等各个方面，都要尊重儿童的兴趣和需求、尊重儿童独特的感悟和理解。

1. 依据学生的年龄特点选择读物

低年段的学生年龄比较小，识字量也相对较少，因此，可以从图文并茂、篇幅短小、趣味性强、通俗易懂的绘本入手。读绘本可以促进低年段学生的语言发展，帮助小学生进行口头语言和书面语言的顺利转换，养成独立思考的能力；绘本中的想象空间也可以让小学生获得阅读的审美体验。当然，一些优秀的、适合低年级学生读的童话（如《安徒生童话》《格林童话》）、寓言故事（如中国古今寓言及《伊索寓言》）、民间故事等方面的书籍也可以引导学生阅读。

优秀的绘本很多，如《团圆》《安的种子》《逃家小兔》《我的爸爸叫焦尼》《猜猜我有多爱你》《我的爸爸》《爷爷变成了幽灵》《大脚丫跳芭蕾》《爷爷一定有办法》《好饿的毛毛虫》《活了 100 万次的猫》等。这些绘本图画精美、语言简练、情节简单、主题明确，特别有利于低年级学生阅读。在阅读的过程中，学生可以享受视觉盛宴，也可以享受心灵大餐。

中年段学生已经认识和掌握了大部分常用汉字，能读懂短篇和中篇的童话、小说，此时就可以让学生的阅读面再打开一些了。例如，《大林和小林》《寄小读者》《严文井童话》《高士其科普童话》《叶圣陶童话》《宝葫芦的秘密》《大头儿子和小头爸爸》《皮皮鲁传》《爱的教育》《吹牛大王历险记》《追踪小绿人》《漂亮老师和坏小子》《窗边的小豆豆》《木偶奇遇记》《长袜子皮皮》《海底两万里》《昆虫记》等。学生的阅读由低年级段的以绘本为主，逐步过渡到中年级段的以儿童文学作品为主，是需要一个过程的。这个过程应该不急不躁，循序渐进，让学生的阅读注意力逐步由图画向文字转移。

高年级段学生的阅读能力有了很大的提升，阅读量也在不断积累，他们对事物的认知能力也在不断增强。这时候，可以有意识地在学生自主选择读物的基础上相机引导，帮助学生更好地走进名著，走进经典。例如，可以推荐《克雷洛夫寓言》《繁星·春水》《西游记》《水浒传》《鲁滨孙漂流记》《骆驼祥子》《名人传》《童年》《朝花夕拾》《格列佛游记》《钢铁是怎样炼成的》《草房子》《青铜葵花》《小王子》等。

苏联著名教育家苏霍姆林斯基说，不经常阅读科学书籍和科普读物，就谈不上对知识的兴趣，阅读是对"学习困难"的学生进行制约的重要手段，并直言，要经过周密考虑，要有预见、有组织地进行，这是教师要关心的一件大事。因此，高年段的阅读面可以广一些，甚至也可以让高年级的学生去阅读《论语》等传统文化经典。高年级段的学生精力充沛，求知欲旺盛，他们渴望了解新的知识、认识新的事物。同时，他们的自主意识也在不断增强。因此，教师、家长应该更多地因势利导，把学生的阅读注意力转移到经典作品上面。

2．由单篇到整本，逐步拓展

在我们的小学语文教材中有很多名家名篇，这些名家名篇像一颗颗零散的珍珠。很多时候，我们教完这些作品之后就算完成了教学任务。实际上，这些名篇就像一座座"灯塔"，引领我们向文学殿堂的更深处漫溯。例如，学习了林海音的《迟到》之后，我们引导学生阅读《爸爸的花儿落了》，进而走进林海音的自传体小说《城南旧事》。由于有了课上的学习经验，学生读课外书的时候就非常有兴趣，乐此不疲。在阅读分享"聊人物"的过程中，学生重点探讨了宋妈、秀珍、草丛里的人等三个人物，学生围绕这三个人物在认知上的矛盾冲突——宋妈到底爱不爱自己的孩子？秀珍到底疯没疯？草丛里的人到底是好人还是坏人？展开了充分的讨论交流。教师则顺学而导，引领学生真正走进人物的内心世界，和故事中的人物产生情感共鸣。另外，像学习老舍的《草原》《猫》《老北京的春节》，鲁迅的《少年闰土》，艾青的《下雪的早晨》，萧红的《祖父的园子》等作品时，都可以引导学生由一篇文章，走进多篇文章，进而走进一本书，走近一位作家。这样，学生学得轻松，读得过瘾，收获巨大，教师何乐而不为呢？

3．由个体到群体，共同成长

阅读是学生个性化的行为，但是，学生阅读时不能单打独斗。尤其是在阅读习惯养成的初期，教师要有意识地引导学生从个体阅读走向群体阅读，利用班级读书会等方式帮助学生形成共同的话语场。这样有利于持续激发学生的阅读兴趣，提升学生的阅读能力。

例如，读完《夏洛的网》之后，我引导学生围绕以下几个题目进行全班分享：①你觉得夏洛是一只怎样的蜘蛛？威尔伯是一只怎样的小猪？②你喜欢坦普尔顿吗？为什么？③读到《最后一天》这一章（夏洛的生命结束的时候），你有什么感受？④夏洛临死时在心里还会默默地对威尔伯说些什么呢？说说夏洛临死时的愿望……交流分享课共进行了两节，学生各抒己见，思想的火花在不断碰撞。

除了通过读书会进行交流探讨之外，还可以采用读书小报展示、优秀图书推介会、读后感交流、排演课本剧等多种方式。这样的集体交流，能不断激发学生的阅读热情。

4．由阅读到写作，读以致用

阅读是输入，写作是输出。学生阅读量达到一定程度的时候，会不吐不快。教师要有意识引导学生由读到说，由说到写，将自己的思想认识不断固化。学生的写可以由浅入深，开始可以是简单的圈画、批注，可以是一个字、一个词、一句话，可以摘抄好词好句。总之，初期的"写"要简单、随性，不要有条条框框的限制。慢慢地，就会发现学生的变化。

　　例如，在阅读《城南旧事》之后，学生对文本有了更深刻的认识和感悟。情动而辞发，写出了感人至深的文字。有的学生写道："童年是一杯咖啡，只有慢慢品味，才能品出它的甘甜。"还有的学生写道："在我眼中，童年是酸的、甜的、苦的、辣的，甚至是百味的，这里面有悲欢离合。美好的童年会随着时间消逝，但这样快乐的回忆是永存的……"

　　学生的习作水平在阅读的过程中不断提升，学生的认知水平在阅读的过程中不断走向深入。

（本文登载于2018年第4期《中国教师》）

基于小学生阅读素养提升的整本书阅读策略研究

——以《城南旧事》阅读教学改进为例

国际阅读素养进展研究（PIRLS）认为，"阅读素养是学生从小学开始就应该掌握的最重要的能力"。国际学生评价项目提出，阅读素养是阅读者为了达成个人目标、积累知识、开发个人潜力、参与社会等目的，理解、利用、反思和使用书面文章的能力。国际阅读素养进展研究认为，阅读是阅读者在阅读过程中积极建构意义、了解有效的阅读策略并反思所读的内容，因此应该把阅读素养界定为"阅读者理解和运用社会需要的或个人认为有价值的书面语言形式的能力。年轻的阅读者能够从各种形式的文章中构建意义。他们能够通过阅读进行学习，参与到学校和日常生活的各项活动中"。

"阅读素养"在本文中指小学生比较稳定的、基本的、适应时代发展的阅读能力，以及在阅读过程中所表现出来的学语言、用语言的能力，能够通过阅读提升审美情趣及人格修养等。本文将以林海音的《城南旧事》教学改进为例，探讨基于小学生阅读素养提升的整本书阅读教学策略。

一、关注认知冲突，走向文本内容

作家林海音的《城南旧事》记叙了英子童年时代生活在老北京城南的那些人和事。《城南旧事》讲述了五个故事，分五个篇章：《惠安馆》《我们看海去》《兰姨娘》《驴打滚儿》《爸爸的花儿落了，我也不再是小孩子》。这五个故事既相互独立又融为一体，见证者就是童年的英子。作者林海音以小英子的眼睛去观察周围的世界。成人眼中社会最底层的人——疯子、小偷、姨太太、奶妈，在充满同情与悲悯的英子眼中，都是她的朋友，是她爱的人。这里承载着她的童年记忆，她成长的欢乐与泪水，她的迷惘与哀伤。在初次教学中，笔者和学校语文团队设计了这样的教学流程：

模块一：回顾全书，整体感知，借助目录了解书中故事梗概。

模块二：聊人物，感受人物命运的不幸，感悟英子天真澄澈的童心。

模块三：聊故事，感受笑中带泪的现实，感悟离别与成长背后淡淡的哀愁。

模块四：拓展提升，推荐阅读书目。

在"聊人物"的过程中，学生重点探讨了三个人物，在学生初步阅读的过程中，这三个人物让学生的认知形成了一定的矛盾冲突，即：宋妈到底爱不爱自己的孩子？秀珍到底疯没疯？草丛里的人到底是好人还是坏人？此处，教师紧紧抓住故事中的矛盾冲突引发学生讨论思考，目的是引导学生真正走进人物的内心世界，和故事中的人物产生情感共鸣。

然而，一节阅读分享课结束之后，留在学生脑海中的只是支离破碎的文本内容。这些内容中有人物、有故事、有情节、有矛盾，但似乎还缺少了一些什么。阅读的目的仅仅是记住书中的各种人物和故事吗？显然不是，如何把学生的阅读进一步引向深入，如何进一步激发学生阅读的兴趣，提升学生的阅读素养呢？

二、关联发现意向，走向阅读策略

（一）一份调查数据的启示

2015 年 10 月，中关村第一小学联合北京小学、北京师范大学实验小学、北京市东城区史家小学，针对六年级学生开展了关于小学生语文素养相关情况的调查。其中，关于学生课外阅读的调查情况发现：小学生在日常阅读中采用的方法比较多。超过 85% 的小学生能用自己的话概括文章的中心思想；超过 85% 的小学生会通过说明书或使用指南来帮助自己学会用新的东西。

下面就是相关问题及调查数据。

1. 问题："当你读一篇新课文时，你能用自己的话概括文章的中心思想吗？"

调查数据：1% 选择"完全不能"，13% 选择"不太能"，65% 选择"比较能"，65% 选择"完全能"。

2. 问题："生活中，你会通过说明书或使用指南来帮助自己学会用新的东西吗？"

调查数据：2% 选择"完全不会"，12% 选择"不太会"，43% 选择"比较会"，43% 选择"完全会"。

3. 问题："在阅读过程中你经常采用的方式是什么？"

调查数据：40.3% 选择"思考质疑"，42.22% 选择"圈画重点或做批注"，28.76% 选择"用自己的话概括总结"，38.13% 选择"查阅相关资料"，33.95% 选择"做摘抄或笔记"，52.93% 选择"充分朗读，读出体会"，41.56% 选择"联系生活实际"。

由以上数据可以看出：六年级小学生能在阅读课外书的过程中使用多种方法。能够把阅读的内容与自身生活相联系，能够在阅读过程中寻找相关资料，这说明掌握一定的阅读策略有助于提升学生的阅读能力和素养。同时，可以看出，六年级学生的阅读已经逐渐由"他主"转向"自主"。

（二）基于调查数据分析的教学改进

既然阅读策略在小学生阅读过程中具有如此重要的作用，那么，在课外阅读中如何进一步进行阅读方法与策略的渗透呢？首先，笔者和学校语文教师团队把"通过关联阅读，探寻作者的写作意向"确定为本课要重点向学生渗透的阅读方法。在此基础上，对原有教学设计进行了调整。在引导学生理解文本内容的基础上，增加了以下教学环节：

1. "对比读"中悟关联。教师首先出示了文本中的两个文段，让学生对比读，学生在对比读的过程中逐渐感受到文本中在写快乐的同时，也饱含淡淡的忧伤，笑中有泪。而这样的感受是在阅读过程中将文本关联起来得到的。比如以下两个文段：

文段一：

我们俩搂在一堆笑……我们真快乐，胡说，胡唱，胡玩，西厢房是我们的快乐窝，我连做梦都想着它。妞儿每次也是玩得够不够的才看看窗外，忽然叫道："可得回去了！"说完她就跑，急得连"再见"都来不及说。

文段二：

早晨的太阳，正照到西厢房里，照到她的不太干净的脸上，又湿又长的睫毛，一闪动，眼泪就流过泪坑淌到嘴边了。……

2. "辅助读"中找关联。在此基础上，教师又出示另外一段文字，引导学生在此段文字的辅助下，在文中找出与之相关联的文段，进一步体会。

文段三：

她用一块冰糖在轻轻地捣那红花。我问她："这是要吃的吗？还加冰糖？"秀贞笑得咯咯的，说："傻丫头，你就知道吃。这是白矾，哪儿来的冰糖呀！你就看着吧。"她把红花朵捣烂了，要我伸出手来，又从头上拿下一根卡子，挑起那烂玩意儿，堆在我的指甲上……她说等它们干了，我的手指甲就变红了……

学生经过认真读书，找到了以下与之相关联的文字：

文段四：

爸爸说："小妖精，小孩子家染什么指甲，做唔得，做唔得……"妈妈问："谁给你染的？"我想了想，说"思康三婶"，我不敢，也不愿说秀贞是疯子。

此时此刻，学生已经初步感受到了关联阅读的妙处，同时，也可以感受到作者的写作意向：通过成人的视角和儿童的视角交错展现人物，揭示当时的社会对于底层民众造成的伤害。

3."自主读"中品关联。在这个环节中，请学生浏览全书，自己再找出一处像这样前后关联的文字，说出自己的理解。这样的学习任务对于学生是有一定难度的。但是，学生的阅读积极性很高，可以感受到，学生的阅读理解在逐渐走向深入，学生的思维也得到了提升。这种深度阅读进一步提升了学生的阅读素养，学生更加深入地感受到文本的丰富性。

三、聚散离合悲欢，走向文化主题

事实证明，第二次的阅读教学改进将学生引向了阅读策略的方向。学生在掌握了新的阅读方法之后，阅读的深度、理解的深度都有所提升。那么，是不是就可以到此停止了呢？在此基础上，我们又进行了第三次改进——走向文化主题。

在阅读课的结束部分，教师引导学生进一步感受五个故事之间的关联。学生发现这几个故事的主人公、情节都是相互联系的，特别是每个故事的结尾，主人公都离英子而去了，故事中充满了聚散离合悲欢。

教师出示书中一个个人物离去的图片，并请学生为这些图片配上文字。"读以致用，思以达情"，学生在充分交流分享之后，对文本有了更深刻的认识和感悟。情动而辞发，写出了感人至深的文字。有的学生写道："林海音小时候是个善良的孩子，对所有人都真诚以待，与每个人都做出了约定，并且守护着秘密。"还有的同学写道："在我眼中，童年是酸的、甜的、苦的、辣的，甚至是百味的，这里面有悲欢离合。美好的童年会随着时间消逝，但这样快乐的回忆是永存的……"

最后，教师为学生推荐作家林海音的其他作品《晓云》《林海音散文》，同时推荐了另外两部儿童视角的叙事作品：鲁迅的《社戏》、萧红的《呼兰河传》，旨在引导学生从一篇文章走向多篇文章，从一位作家的一部作品走向多部作品，同时，也逐步走向同题材的多位作家作品。余光中先生曾经说过："上海是张爱玲的，北京是林海音的。"当学生读完这部作品的时候，不仅感受到了20世纪发生在老北京的故事，感受到了故事中一个个鲜活的底层人物。同时，也触摸到了北京这座古老城市的记忆，触摸到了作品中所蕴含的文化元素。

阅读是未来社会生存的需要。《学习的革命》一书指出："未来文盲将不再是目不识丁者，而是不会学习的人。"在教育部发布的《面向 21 世纪教育振兴行动计划》中，将构建终身学习体系作为其中的一项重要内容，突显了终身学习的重要性，终身学习的观念已被普遍认同。不会阅读，就不会学习，因而从小培养阅读兴趣、养成阅读习惯、提高阅读能力是终身学习的需要，是未来社会的必然要求，也是未来学习的重要途径。在整本书的阅读中，引导学生在理解内容的基础上，掌握一定的阅读策略与方法，进而走向作品的文化主题，打开学生更加广阔的阅读视野，不失为提升学生阅读素养的一条渠道。

（本文登载于 2016 年第 6 期《北京教育教学研究》）

数字化时代让小学语文学科育人价值无限延伸

【摘要】随着数字化时代的到来，信息技术已经渗透到教育的方方面面。因此，要有效利用信息技术为教育教学服务，尤其是在统编教材教学中，传承和弘扬优秀传统文化，提升学生语文核心素养，融通学科界限，以寻求数字化时代更好体现小学语文学科育人价值的路径。

【关键词】统编教材；小学语文；教学实践；学科育人价值；数字化时代

随着世界一体化、经济全球化、文化多元化，教育无时无刻不在经历深刻变革，以担负其责任和使命，培养学生具备当今及以后社会和经济发展所必备的能力。联合国教科文组织的报告《反思教育：向"全球共同利益"的理念转变》强调，教育作为人类的共同利益，应当具有多样性、多元化和包容性。《中国学生发展核心素养》总体框架的正式发布，进一步明确学生应具备的必备品格和关键能力，引领了课程改革和育人模式的变革。

现在，"信息化""数字化""互联网+"等已经无声地融入我们的生活，随之而来的不仅仅是技术变革，更是思维方式和育人方式的变革。《义务教育语文课程标准》（2011年版）指出，语文课程要为学生形成正确的世界观、人生观、价值观，形成良好个性和健全人格打下基础，为学生的全面发展和终身发展打下基础。那么，作为一名小学语文教师，如何基于统编教材内容，借助数字化技术，促进信息技术和语文学科的深度融合，达成"立德树人"教学目标呢？

一、善用多媒体技术，在语文教学中传承和弘扬优秀传统文化

《义务教育语文课程标准》（2011年版）强调，要在语文教学过程中让学生认识到中华文化的丰厚博大，吸收民族传统文化智慧。语文是一门学习语言文字运用的综合性、实践性课程。源远流长的中华文化的传承和弘扬，在很大程度上需要借助语文教学，通过培养学生的语文实践能力，借助多媒体技术，如音视频、图文结合等手段，为学生创设广泛的语文实践机会，搭建传承和弘扬中华优秀传统文化的平台，充分体现语文学科育人价值，让学生爱上祖国的语言文字，增强民族文化认同感和民族凝聚力。传统的语文学习搭上传统文化传承与弘扬的列车，再被赋予数字化时代的元素，从而赢得学生的注意力，让中华优秀传统文化发扬光大。

（一）"校园好声音"，在润物细无声中积淀学生文化素养

统编小学语文教材中大幅增加古诗文的比重，旨在通过古诗文的教学，不断传承和弘扬中华优秀传统文化。近年来，《中国好声音》节目如火如荼，红遍大江南北，为中国乐坛推出一批怀揣梦想、具有才华的音乐人。为了更好地传承和弘扬中华优秀传统文化，我校利用这一模式开展了"校园好声音"评选活动，让学生选取体现优秀传统文化等统编教材课文内容和课外其他体现优秀传统文化的经典，通过音频录制、编辑和上传至网络平台，让全体学生在积极参与朗读活动中传承和弘扬优秀文化，并将语

文学习变为乐事，感受信息技术和语文教学融合带来的好处。

参与"校园好声音"评选活动的作品内容丰富、包罗万象。一些离别诗勾画的离行送别场景，虽有离愁别绪，但很多诗人并没有因身处逆境而颓废、消沉，反而展现出豪迈豁达的胸怀。在朗诵或吟诵过程中，不仅朗读者自身感受到诗人表现出的豪迈胸襟，而且通过音频和网络平台，让所有听到的人也能了解有关"送别"的文化意象，体会诗人积极向上的乐观精神，进而将其渗透到自己的学习生活中，在传承中华优秀文化中受到感染。

学生所选内容不仅有古诗文，还有历史故事、传统蒙学读物《三字经》《弟子规》等内容或节选。又如，一年级下册课文《人之初》就是从经典性和教育性兼具的《三字经》中节选的，让学生在朗读时不仅感受到中华文化的博大精深，将其录制成音频播放给其他学生时，其他学生也可以在潜移默化的熏陶中深受感染，并将其内化于行。教育就这样润物无声地发生了。

"校园好声音"活动中，我们选取反映中华优秀传统文化的经典作品，不仅是在坚持用正确的思想引导学生如何做人与做事，更是借助信息技术将学科育人价值寓于语文实践活动中。学生眼中充盈着重视与期待、热情与欣喜。在这一活动的准备和展评过程中，音频、网络平台等多媒体发挥了重要的作用，为传承中华优秀传统文化和积淀学生文化素养助力添翼。

（二）"新"图文日记，视听盛宴中汲取祖国灿烂文化

对小学生来讲，"写日记"是一件很不容易的事情，不少学生提起"写"就头痛。图文日记能有效降低学生写日记的难度，让学生将绘画与日记相结合，用图画配合文字反映生活中经历的有意义和有趣的事情，表达自己对事物的理解和经历感受。在传统图文日记以学生手绘为主的基础上，"新"图文日记重点引导

学生利用计算机技术绘画，有效解决了学生绘画基础不一的问题，也为学生合理使用计算机提供了机会。

对于信息时代的"原住民"，学生觉得这并不是难事，他们借助计算机完成日记写作，或利用画板工具自己绘制日记插图，或从网络上下载与所写内容相关的图片，或者将外出游玩拍摄的照片、剪贴画等插入文档，让日记图文并茂。这不但不会让学生感觉增加了学习负担，反而会让他们感觉写日记是一项非常有意思的语文学习活动。这样的活动集计算机技术、美术知识和语文能力于一体，让学生感受到作为一名小画家和小作家的双重快乐。

兴趣是最好的老师。当学生感觉到有趣之后，他们写日记的热情空前高涨。例如，三年级上册"秋天"单元的习作目标就是让学生"学习写日记"。这时，教师运用"新"图文日记的方式让学生将自己想要表达的内容写出来。有的学生将自己假期游玩的沿途风景、见闻用图文形式记录在电脑上，和其他同学分享时会将这一旅游日志制作成 PPT，配有音乐，插入拍摄的照片，加上旁白解说和精彩视频片段，综合运用各种多媒体技术，为同学们带来一场视听盛宴。在学生的分享中，他们不仅将祖国各地的风土人情内化于心、外化于行，还将这种情感传递给其他同学，大家感同身受，对祖国山河和历史文化的赞美之情以及民族自豪感油然而生。此外，我们将学生的"新"图文日记上传到班级公众号或微信群，或推荐到校园网或微信平台上，让学生的作品在更大的范围内可见，让其拥有更多的读者，获得更多的赞誉。

2017 年，教育部部长陈宝生在《人民日报》上撰文，吹响"课堂革命"的号角。如何在语文课堂上善用多媒体技术，激发学生传承和弘扬优秀传统文化，丰富学生情感认知，培养正确的世界观、人生观和价值观，积淀文化素养，成为教师思考的另一问题。

在古诗词教学活动中，教师还可以微视频形式开展"今天我主讲"活动，鼓励学生将学习过的古诗按照主题、内容或意象组合，提前录制成微视频，与班级学生分享交流。

二、用微课突破语文学习难点，提升学生语文核心素养

核心素养是学生在接受相应学段的教育过程中，逐步形成的适应个人终生发展和社会发展需要的必备品格与关键能力。它彰显出学科特有的育人价值，确定形成学科核心素养。当前，学生在语文学习过程中经常会遇到各种学习难点和困惑点，如果课堂的讲解和学习不能满足所有学生学习需求，长此以往，就会出现"夹生饭"。借助多元化的微课，则能帮助学生突破难点，提升语文学习认识，提升学生语文核心素养。

（一）微课解疑惑，实现学生的深度学习

微课是指由多种资源有机构成、以微视频为主要载体和呈现方式的、基于网络运行、不受时空限制、支持多种学习方式的微型网络课程资源。教学过程中，教师之间分工合作，针对本年级教材中的学习难点录制相关微课。录制微课过程中，要紧扣"微"字：利用三五分钟，只讲一个知识点，短小精悍；突出微教案、微课件、微练习等配套教学资源的设计与制作。微课录制完成后，课前帮助学生了解课文学习必备知识，课堂上解惑，课后进一步帮助学生提升和深化所学内容。

例如，教学统编教材第三册《小蝌蚪找妈妈》一课时，教师将小蝌蚪生长变化的过程制作成微课，生动、形象、直观，突破学生的认知难点，也让学生感受到自然界的奇妙，在此基础上，进一步引导学生学习课文内容，就会事半功倍。再如，教学统编教材第二册《端午粽》一课，教师录制三节系列微课，引领学生

走近粽子，走近端午节，感受中华优秀传统文化。第一节以"粽子的来历"为主题，让学生感受"粽子"与屈原的关系，认识屈原这位伟大的历史人物；第二节以"端午节的习俗"为主题，让学生了解插艾蒿、挂菖蒲、喝雄黄酒、吃粽子、龙舟竞渡等传统习俗；第三节以"粽子的做法"为主题，鼓励学生在端午节时和家人一起学着包粽子。这三节微课是对课文内容的补充和拓展，把学生带进更大的语文学习天地，优秀传统文化的基因也在潜移默化中植入学生的心灵。

（二）微课开视野，知识与能力共发展

教学过程中，教师要充分利用家长资源或专家资源，体现外力的价值。一些学生家长在某个领域是精英，是行业内的优秀人士，堪称某方面的专家。我们可请家长协助，利用他们的资源，录制课程微课资源。例如，有的班级录制诗词系列课程，从古诗词特有的意象入手，选取具有相同意象的古诗为一组进行整体讲解，有助于学生整体把握古诗词，丰厚学生的文化积淀；有的班级则录制节气课程，让二十四节气的故事及其蕴含的丰富文化慢慢浸入学生的血脉……这些微课资源包罗万象，涉及天文、地理、历史、经济、体育等多个方面。教师有意识地将微课程资源分类，形成班级或年级甚至学校的微课程群，实现资源共享。学生在聆听这些微课时，得到的不只是知识的启迪，更重要的是情感的熏陶和文化的滋养。学生从中可以感受到祖国历史的悠久，也可以感受到祖国的繁荣富强，还可以感受到祖国科学技术的突飞猛进……这个过程中，学生的收获是多方面的，他们极大地丰富了知识，开阔了视野。

（三）微课拓思路，自主能力有提高

教学过程中，教师要充分发挥学生的主动性，鼓励学生自主录制学习微课。学生可针对当天学习内容或即将学习的新内容，学习制作微课。学生微课的录制时间比较短，三分钟左右为佳，这既不会加重学生学习负担，还能有效激发学生学习兴趣，一举两得。在形式上，可灵活多样，或是正襟危坐的讲解式，或是活泼多样的"抖音"式，或采取与同学、家长的"对话式"。微课内容可以是针对教学难点的再探讨，也可以是对新知识的提前学习。学生的潜力是无穷的，他们的热情也是无限的，微课不断激发学生学习热情，拓宽学生学习思路。

当然，只有教师的教学观念得到更新，学生学习才会有更大的可能性和发展空间。微课辅助学习在常态教学中是可行的，也是有效的，这既加深了学生的认识，提高了学习效率，也为教师教学提供了丰富资源，还融洽了师生之间、学生之间、家校之间、亲子之间的关系，何乐而不为呢？但微课只是课堂教学的补充而不是全部，我们要正视数字化教学手段给课堂教学带来的机遇与挑战，积极研究，取其精华，才能让微课更好地为教育教学服务。

三、用网络融通语文学习界限，培养学生跨学科学习能力

以往语文教学比较重视强调学科的专业性。学生在学习过程中更多地关注学科学习内容，缺乏对事物的整体感知。而且，各学科间的内容也有重合的地方，容易浪费学生学习时间，加重学生学习负担。因此，要充分发挥互联网的作用，更好地融通课内外、学科间和家校间的关系，为学生成长助力。

（一）借助网络实现课内外融通

学生作为一个社会意义上的人，除了在学校学习知识外，必然会和社会、社区等诸多环境产生联系。因此，教学过程中，教师要注重借助数字化技术设置体现课内外融通的内容，这显得尤

为重要。

例如，教学统编教材第五册《搭船的鸟》一课时，教师要提前引导学生利用网络收集鸟类资料，了解人类与鸟类的关系。在此过程中，学生充分展现出信息技术运用能力，从网上找来大量关于鸟的资料，图文结合，音视频结合，内容丰富多彩。课堂上，教师引导学生紧扣"你喜欢翠鸟吗？为什么？"这个问题组织学生讨论交流，既培养学生准确、有条理的口头表达能力，也激发了学生爱护鸟类的情感。

学生结合课文及他人观点，联系课下自己收集的资料进行分析与评价，教师则引导学生在课下进一步结合家庭和社区资源及实际环境，提出、研究并设计出有关爱护鸟与保护环境的解决方案，制作成电子文档和宣传视频，在班级微信群进行分享、交流。优秀视频还会被推荐到社区宣传室给居民播放，极大地调动了学生的学习积极性，保护动物、保护环境、保护地球家园的意识自然而然地融入学生的心灵。这种课内外融通的教学方式，提升了学生的综合素养。

（二）依托网络资源实现学科间融通

识字和写字是低年级教学的重点，但这个内容相对来说比较枯燥，学生学起来也觉得乏味，没有什么兴趣。为此，依托网络资源，我们在低年级的语文教学中打通学科界限，针对某一教学内容，融通各学科知识，为学生语文学习提供更加丰富的课程资源。

在低年级的汉字教学中，我们充分关注美术元素、音乐元素、科技元素、体育元素等，教学过程随时联网，充分利用网络资源，加深学生对汉字的认识。例如，利用网上汉字动画，展示汉字的演变过程和笔画顺序，让学生直观具体地感受到丰富的汉字文化，加深对笔画和字形的记忆；那一个个汉字，配上优雅的背景音乐，加上学生对其演变过程的想象，就是一幅妙不可言的图画，背后或许还隐藏着一首首感人的诗。汉字、图画、诗歌……借助网络资源，打通不同学科之间的界限，实现学科间的融通。此外，教学过程中，教师还应充分利用多媒体演示汉字与图画的关系，引导学生感受汉字特有的美，并根据汉字象形文字的特点，思考自己比较喜欢的将汉字与绘画结合起来的方式，以便能够利用电脑绘制汉字画，编写汉字故事，培养多方面的能力。

当学生在校学习遇到问题和疑难时，他们可以随时请教教师和其他同学，放学后则没有这么便利的条件了。因此，利用微信群引导学生建立学习小组，五六人一组，当他们遇到问题时可以在群中及时沟通，建立一个微型社交网络，进一步密切师生关系，增强学习效果。

总之，数字化时代，信息技术对教育教学的影响越来越明显。作为一名教育工作者，应立足学生成长和发展需要，合理利用数字化技术，真正促进教育教学活动发展。

（本文登载于 2019 年第 4 期《中小学数字化教学》）

信息技术在小学语文教学中的应用

随着信息化时代的到来，以多媒体计算机为代表的现代信息技术日益融入课堂教学之中，不知不觉中影响着教学方式和学习方式。实现信息技术与语文学科的深度融合，尤其是信息技术在识字、阅读和习作教学中的运用，一定程度上带来了课堂教学的革命。因此，在小学语文教学中，教师要恰当地运用现代信息技术，激发学生的学习兴趣，突出教学重点，破解教学难点，提高课堂教学效率。

一、信息技术让识字教学更有趣

《义务教育语文课程标准》（2011 年版）指出：识字、写字是阅读和写作的基础，是第一学段的教学重点，也是贯穿整个义务教育阶段的重要教学内容。然而，在常态教学中，识字教学经常是枯燥乏味的，学生学得比较吃力，老师教得也比较辛苦。如何让学生从小就感受到汉字之美，进而爱上汉字，爱上祖国的优秀文化呢？

（一）字画同源激兴趣

在学生最初开始认字的时候，教师就要利用汉字象形的特点，借助信息技术，让学生感受到字画同源，进而感受汉字的形体美。这能够有效激发学生识字兴趣，让学生沉浸其中，乐此不疲。例如，教学"日、月、水、火、山、石、田、土"等字时，可以利用信息技术出示相应的"日""月"的图片，加深学生的印象，激发其识字兴趣。

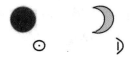

图1 "日""月"字的图片

（二）演绎字理提效率

汉字是表意文字，是音、形、义的统一。在教学过程中，要重视字理教学，引导学生根据汉字因义构形和以形表意的特点，科学识记汉字，提高识字效率。例如，在教学"衣"字时，通过字形演变的课件演示，学生能够直观看到"衣"的甲骨文是一件上衣的样子，非常形象，上面有领子、两个袖子和对叠的衣襟。金文以后，字形有所变化，但大同小异；小篆突出了衣领上的头部，线条更为标准，可看出长长的衣襟。隶书、楷书规范为"衣"。

企 企 衣 衣 衣

图2 "衣"字的发展演变

此外，还可以在此基础上利用多媒体课件进行演示拓展。人们的衣服有多种类别，如裤子、棉袄、袍子、裙子、衬衣、长衫等，这些都用衣字做旁归类，就有了衣字旁——"衤"。此外，将衣服打开了还能包东西，最典型的就是包裹的"裹"，还有褒义的"褒"等，非常形象地把衣服的用途表达出来了。由一个字溯源探理，最终引导学生认识一串字，学生学得津津有味。

（三）汉字动画解难点

在识字教学中，有些字的字形简单，但是学生们写时总是出错，教师可以尝试用汉字动画来破解难点。例如，学生写"兔"字总是爱丢"点"，为此，教师教学中先播放"兔"字的动画，加深学生对"兔"字的直观感受。之后，让学生说一说汉字各笔画的意思，并让学生到多媒体展示屏上指一指哪里是"兔子"的尾巴，哪里是兔子的眼睛，哪里又是兔子的腿，学生兴高采烈地到前面指一指，出现错误时，全班同学及时给予纠正。"兔"这个易错字就在师生观看轻松愉快的汉字动画中解决了。

汉字是古老的，含义是深邃的，当我们在教学过程中让汉字与信息技术有效融合之后，学生就会快乐识字、高效识字，让古老的汉字焕发出新的活力，像精灵一般进驻学生的心田。

二、信息技术让阅读教学更深透

阅读教学是小学语文教学的重要组成部分，它承担着提升学生阅读能力的重要责任。

阅读能力一般包括认读力、理解想象力、记忆力及良好的阅读习惯等。学生具备了良好的阅读能力，就会为将来的学习和发展打下坚实的基础。在阅读教学中适时适度利用信息技术进行辅助，会让阅读教学向更深层次发展，学生的理解也会更加透彻，起到事半功倍的作用。

（一）创设情境导新课

儿童会以一种完全"信以为真"的阅读期待与接受心理进入作品，进而与作品中的人物融为一体。对于低年级的学生来讲，更是如此。所以，教学过程中利用多媒体技术创设情境，可以有效激发学生的学习兴趣。一曲美妙的音乐，激起学生情感的涟漪；一幅优美的图画，把学生带进梦幻的天地；一段精彩的视频，瞬间点燃学生思维的火花……

例如，教学《雾在哪里》一课时，笔者是这样利用信息技术导入新课的。首先故作神秘地对学生说："从前有一片雾，他是个淘气的孩子。有一天，雾飞到海上，说：'我要把大海藏起来。'于是，他把大海藏了起来。无论是海水、船只，还是蓝色的远方，都看不见了。"在教师讲故事的同时，多媒体自动播放，并将湛蓝的海水、高大的船只还有蔚蓝的远方，逐一隐去。学生立刻感受到"雾"的淘气，可极大地激发语文学习的热情。美国心理学家、教育学家杰罗姆·布鲁纳指出，学习最好的刺激是对所学材料的兴趣。导入新课时，教师让学生对所学材料产生兴趣，无疑为一节课的成功教学奠定基础。

（二）资料引入促理解

《义务教育语文课程标准》（2011年版）在第三学段"目标与内容"中明确指出：为解决与学习和生活相关的问题，利用图书馆、网络等信息渠道获取资料，尝试写简单的研究报告。六年级上册第八单元的语文要素中提出：借助相关资料，理解课文主要内容。可见，引入资料帮助学生理解课文是非常必要的。它是学生必须掌握的语文学习能力，而信息技术恰好可以帮助他们更好地查找资料。

例如，六年级上册第八单元的人文主题是"走近鲁迅"。对于小学生而言，鲁迅是陌生的。对此，教师在教学过程中有效利用信息技术手段，首先，引导学生利用网络广泛搜集鲁迅资料，并结合单元中《少年闰土》《好的故事》《我的伯父鲁迅先生》《有的人》等课文，对所搜集的资料进行筛选。其次，利用超链接的方式，为学生提供鲁迅先生的资料包，供学生理解课文时选用。资料包的内容包括文字、图片、音视频等内容。学生既可以从鲁迅的作品中认识鲁迅，也可以从他人的作品和相关视频中感受到鲁迅的伟大。信息技术的综合运用，促使学生加深对课文的理解，并将鲁迅的精神植根于心，厚植爱国主义情怀，为践行社会主义核心价值观奠定基础。

（三）多元朗读升情感

小学各个学段都要求学生能够"有感情地朗读"，旨在"让学生在朗读中通过品味语言，体会作者及其作品中的情感态度，学习用恰当的语气、语调朗读，表现自己对作者及其作品情感态度的理解"。从一定程度上讲，朗读是学生学习语文的基本手段。朗读过程中，利用信息技术适时适度地为学生提供一些学习资源，可以加深学生的情感体验，激发学生的朗读兴趣，帮助学生更好地品味语言，形成语感，提升语文素养。

例如，教学三年级上册《大自然的声音》时，就可以充分利用文本的特点，整合信息技术资源进行教学。这篇文章分别从"风，是大自然的音乐家""水，也是大自然的音乐家""动物是大自然的歌手"等三个方面为读者描述了"大自然有许多美妙的声音"。文章语言富有韵味，联想丰富，引人入胜。教学中，教师有效利用网络，搜集各种"声音"，制作课件，风声、水声、动物的叫声汇聚一堂，极大地激发了学生朗读课文的兴趣，学生听"声"读文，乐此不疲，熟读成诵，提高了课堂学习效率。

利用信息技术手段激发朗读兴趣，提升情感的方式很多。例如，教学四年级上册《观潮》《繁星》等课文时，还可以进行配乐、配画朗读；在教学《陶罐和铁罐》等童话类课文时，也可以制作动画，引导学生为动画配音，借助信息技术将朗读巧妙地植入文本的理解过程中，化解了学习难点，激发了学生的情感。

（四）学科整合益思维

语文教学不单纯是知识教学，发展思维也是语文教学的重要任务之一。信息技术可以整合多学科资源，为学生提供多角度的思维渠道，有效联通不同学科内容，在发展学生思维能力方面能起到很好的作用，可以有效提升学生思维的深度，扩展学生思维的广度，获得良好的思维效果。

例如，《呼风唤雨的世纪》这篇文章包罗万象，为读者展现出科学改变生活的美好画面。教学时，可以围绕学生自主提出的主问题——"为什么说20世纪是一个'呼风唤雨'的世纪呢？"展开，引导学生分小组深入探讨诸如"什么是程控电话？""20世纪的科学成就为什么可以用'忽如一夜春风来，千树万树梨花开'来形容？""现代科学技术带给我们的全是好处吗？"等问题。学生通过网络搜索获得相关资料，丰富对文本的理解。在此基础上，教师进一步引导学生结合主问题思考和筛选，让学生的思维由单一走向多元，由平面走向立体。尤为可贵的是，它培养了学生辩证看待问题的意识，学生在赞叹科学进步的同时，也感受到了科学技术的局限性。

阅读是小学语文教学的半壁江山，学生的阅读能力直接决定其未来的语文素养。在阅读教学中适度融入信息技术，促使阅读教学"向青草更青处漫溯"。未来已来，这是时代的召唤！

三、信息技术让习作更灵动

《义务教育语文课程标准》（2011年版）中指出，写作教学应贴近学生实际，让学生易于动笔，乐于表达，应引导学生关注现实，热爱生活，积极向上，表达真情实感。学生在写作文时的困难之一就是脑海中空空如也，没东西可写，"笔杆一咬，就是半天"，这是很多学生写作文时的常态。有效利用信息技术手段，可以为学生提供与习作密切相关的素材，切实克服学生习作中遇到的困难。

（一）细节特写助观察

观察能力是学生习作过程中重要的能力之一。学生面对生活中的事物，经常熟视无睹，或者观察时抓不住重点，不能按照顺序观察。利用信息技术，可在一定程度上将要观察的事物以细节特写的形式呈现给学生，让学生充分地把握事物的特点，并按一定顺序描写。

例如，三年级上册第五单元的习作要求学生写"我们眼中的缤纷世界"，教师可以利用多媒体技术，为学生呈现生活中常见的动物、植物的图片、视频等，引导学生在原有认知的基础上，对一些平时容易忽略的细节进行细致入微的观察，有效把握事物特征，激发习作兴趣。

（二）场景复原"唤"记忆

学生在习作过程中表现出来的"没东西可写"，很重要的一个原因就是暂时遗忘了生活中的各种场景。这种遗忘是因为当时没有进行有效关注，及至写时才觉得脑海中一片空白。因此，利用信息技术对场景进行复原和再现，显得尤为必要。

例如，四年级上册第一单元的习作是让学生"推荐一个好地方"，教学中可以引导学生将自己要推荐的地方的图片或视频资料做成课件，配合所写文章介绍给同学，再由全班同学做评委，评价其推荐理由是否充分，是否写出所推荐地点的特色。学生兴趣盎然，乐在其中，精彩作文频现。

（三）千里连线激情感

情感抒发是习作中的重点和难点之一。很多时候，学生有情而抒发不出来，恰如"茶壶里煮饺子——有嘴倒不出"。课堂上，教师相机运用信息技术手段，触发学生的情感蕴积，可以收到意想不到的效果。

例如，六年级上册第八单元的习作题目是"有你，真好"，一位同学作文中的"你"是自己的爷爷。他回顾了和爷爷相处的情景，倾诉了对远在老家的爷爷的无尽思念之情，但是一些细节描写还不够具体，情感抒发不到位。为了进一步激发学生的情感，教师提前和学生家长沟通，课堂上利用信息技术，直接视频连线了这位同学的爷爷。当爷爷慈祥的面容出现在屏幕、暖心的话语回响在耳边时，这位同学再也抑制不住内心的激动，泪水夺眶而出。修改文章时，他几乎一气呵成，感人的文字跃然纸上。

实际上，学生并不是没有生活，关键是缺乏对生活的"唤醒"。信息技术融文字、画面、音视频等于一体，可以在一定程度上对学生的生活进行"复原"与"唤醒"，有效解决了学生没东西可写的烦恼，化难为易，让原本枯燥的作文教学变得更加灵动，学生也乐在其中。

总之，信息技术与语文学科的整合是有效的，但绝不是万能的。在教学过程中，教师要有主动使用信息技术手段的意识，但也不能为"用"而"用"，要依据教材内容和学生实际情况，当"用"则"用"。同时，要注意多媒体的使用不能限制学生的思维和想象，尤其是古诗文的教学，要尽量减少多媒体的使用，充分发挥学生的想象能力，让学生在品味语言、想象画面的基础上逐步走进诗词的意境。作为语文教师，我们既不应排斥信息技术的使用，也不能盲目推崇，而要合理选择，有效使用。这样信息技术才能真正为语文教学助力、添翼。

（本文登载于 2020 年第 1 期《中小学数字化教学》）

参考文献

[1] 中华人民共和国教育部.义务教育语文课程标准（2011年版）[S].北京：北京师范大学出版社，2012.

[2] 中华人民共和国教育部.基础教育课程改革纲要（试行）[J].学科教育，2001.

[3] 布鲁纳.教育过程[M].北京：文化教育出版社，1982.

小学古诗词组诗教学方略

【摘要】古诗词组诗教学，主要指针对一组诗开展的教学，它有助于学生将所学古诗串联起来，形成完整的知识链。其相关策略有：相同主题的组诗，一主一辅教；相关内容的组诗，比较辨析教；相同意象的组诗，比较拓展教；相同类别的组诗，整体迁移教。

【关键词】古诗词；组诗；组诗教学方略

一、缘起

古诗词语言凝练，意境深远，蕴含情感丰富，充分体现了我国语言文字的魅力，是学生学习语文不可多得的好材料。小学古诗词教学更是我们语文教学中不可缺少的重要部分，是教育学生热爱和发扬祖国语言文字、接受语言素质的绝佳平台。《义务教育语文课程标准》（2011 年版）在第三学段也明确指出："诵读优秀诗文，注意通过语调、韵律、节奏等体味作品的内容和情感。"

在小学阶段，古诗词教学历来为教师们所重视。目前，统编教材中古诗词增幅明显，如教材主编温儒敏先生所言："'统编本'语文教材的古诗文篇目增加了，小学一年级开始就有古诗，整个小学 6 个年级 12 册共选有古诗文 129 篇，平均每个年级 20 篇左右，占课文总数的 30% 左右，比原人教版教材增加很多，增幅达 80% 左右。"

相对于教师和教材对古诗的重视，古诗词教学并没有凸显出本该有的创意与效率。温儒敏先生曾经这样描述常态古诗教学："有的教案总喜欢来个三段论——'知作者，解诗意，想画面'，未免太死板，也不得要领。""现在有些古诗词教学过于烦琐，像做外科手术，把那种'美'都给弄跑了。"循着这样的描述审视当前的古诗词教学，就会发现，大部分教师比较注重对诗意的理解，习惯于一句一句地分解诗句，给学生讲诗句的意思，阐述其中的道理——如此教学，不仅枯燥乏味，而且课堂容量小，传递给学生的信息量少，效率非常低。不可否认，每首古诗都有独特的意境，但如果教学呈现的仅仅是单一的文本，缺失了学生自主的比较、分析、体悟、升华，就容易让他们产生单一的思维视角，对古诗的理解也就浮于表层。另外，有些教师的常态教学没有考虑到各年级学生的年龄特点和理解能力，使用大同小异的教学方法，或讲解过多、探讨过深，或只让学生机械背记、流于表面，这些都无法让学生真正体会到古诗词的语言美及情感美。

组诗教学则要求教师在备课过程中必须认真地解读教材，用心发现诗词之间的内在联系，有效整合、重组几首甚至是一组诗，让学生在一节课的时间内阅读两首甚至两首以上的古诗，充分拓展了学生古诗词的积累空间。而且，古诗词的成组出现，有助于学生将所学古诗串联起来，形成完整的知识链，对某一类古诗有相对完整的认知。

目前，在小学语文教材中成组编排古诗的体例已经很普遍，这也为组诗教学提供了一定的支持。

二、核心概念

（一）组诗

传统意义上的组诗作为一种独特的诗歌表现形式，萌芽于先秦，定型于唐代。先秦之后的各个时期均有大量作品面世。它们少则两首一组，多则几十首一组，甚至达到百首一组。这些诗或作于同一时期、同一地点，或作于不同时期、不同地点，涉及赠答、咏怀、咏史、纪行、悼亡、伤时、宴饮、唱和、游仙、祭祀、田园等题材。朱东润先生在《杜甫叙论》中说："组诗这个名词是近代开始运用的，古代并没有这个名词。"组诗有"连章组诗""联句组诗""同题共作""辑诗组诗"等不同的形式。

本文提及的"组诗"主要有两方面的内涵：一是内容互相联系的若干首诗组成的一组诗。该组诗中的每首诗相对完整和独立，但每首诗与组诗中的其他诗之间又有内在的联系。这种联系可以是主题相同，也可以是内容相关，还可以是空间或时间上的相近，等等。二是指教师依据学生年龄特点和认知水平，在教学中对相关古诗进行组合。这种组合既有立足于教材已有组诗基础上的拓展，也有完全基于主题或内容等进行的独立组合。

（二）组诗教学

组诗教学主要指针对一组诗开展教学，让学生从组诗的学习中有实际获得。

"策略"，即根据形势发展而制定的行动方针。本文谈及的组诗教学策略，即实现组诗教学目标的方法和途径。

三、小学高年级古诗词组诗教学的策略

下面以高年级古诗词组诗教学为例，谈谈相关的策略。

（一）相同主题组诗——一主一辅教

在浩如烟海的古诗中，有很多主题相近的古诗。我们可以把这些主题相近的古诗有意识地组合在一起进行教学。例如，《别董大》和《送元二使安西》是北师大版教材六年级下册的课文，

所属单元的主题是"珍惜"。《别董大》展现出雄浑阔大的场景和诗人对董大的劝勉，而《送元二使安西》则展现出清新明丽的场景和诗人对元二的不舍。同是送别诗，前者给人以慷慨旷达之感，后者则给人以情深意长之感。这两首诗可以丰富学生的情感认知，加深对古代送别文化的了解。

笔者教学这两首诗时，依据学生的认知经验，先引导他们重点学习《送元二使安西》，再学习《别董大》，以便于学生体会两首诗情感的变化。先学习《送元二使安西》时，笔者补充了王维的《送沈子福之江东》和《山中送别》，让学生感知王维送别诗中的温婉不舍之意。然后，在学习《别董大》时，笔者补充了高适的《别韦五》及《送李少府贬峡中王少府贬长沙》，让学生感受高适送别诗中的豪放豁达之情。学完这两组诗之后，笔者又进一步拓展李白的《赠汪伦》和《送孟浩然之广陵》，启发学生感受送别诗的整体特点。经历了这样的学习之后，我们又围绕"珍惜"的主题进一步查找相关的古诗，丰富学生的古诗积淀。

这样相同主题的古诗有很多，如与"思乡"有关的主题，与"战争"有关的主题，与"田园"有关的主题，等等。围绕相关的主题，整合不同诗人的诗作，引导学生进行整体性感悟，不仅能够有效节省教与学的时间，提高学生的学习效率，还有助于学生对某个主题形成整体的认识。

（二）相关内容的组诗——比较辨析教

在浩如烟海的古诗世界里，有一部分古诗虽然主题不尽相同，却具有相关的内容，将这类古诗组合起来，引导学生以比较辨析的形式，洞悉其相同之处与不同之处，有助于学生强化理解，体味情感。

比如：杜甫的《江畔独步寻花》和叶绍翁的《游园不值》虽

然所反映的主题不一样，但所描写的内容都与春天有关，两首诗中也都有关于"花"的内容。教学时，笔者有意识地以"这两首诗中都有一个'满'字，但这两个'满'字又有不同。它们有什么异同？"为题发问，意在引导学生对两首诗进行比较。通过比较、讨论，学生发现："黄四娘家花满蹊"中的"满"是通过"千朵万朵压枝低"来直接表现出来的；"春色满园关不住"中的"满"则是通过"一枝红杏"让读者联想到的，两首诗的写作方法不一样，留给读者的想象空间也各不相同。在这样自主的比较辨析中，学生自然能体会到，同样的春景可以用不同的方法来描述。

（三）相同意象组诗——比较拓展教

在古诗中，有些特殊事物或特定形象经过历代诗人的创作实践，逐渐具有某种特定的审美内涵，这种审美内涵在被无数诗人不断模仿创作或超越性创作后，得到了强化。由于这些事物或形象在古诗殿堂里已经逐渐具有自身特定的意味，从而成为特定的意象。

意象是诗歌的重要构成要素，以意象为核心组诗，可以有效实现对诗歌的艺术构思、文化主题、情感内涵等的鉴赏。如郑燮诗中"竹"意象、王安石诗中"梅花"意象、李白诗中"月亮"意象、纳兰性德诗中"蝴蝶"意象等，教学时，完全可以从相关的意象入手，引导学生在同类意象古诗的比较中，对同一诗人或不同诗人诗作做全面欣赏和评价，从而把握欣赏诗歌的路径。

比如，《江雪》是唐代诗人柳宗元的一首山水诗，曾出现在多个版本的小学语文教材中。全诗为读者描绘出这样一幅凄清、孤绝的寒江独钓图：在白雪茫茫的世界中，千山万径渺无人烟，毫无声息，目之所及，一片死寂。这种境界，与诗人柳宗元当时被政治抛弃的孤寂心理相吻合。可是，在这样的场景之中，却有一位身披蓑衣、头戴斗笠的渔翁，独自垂钓于冰雪之上，孑然独立于天地之间。读完整首诗，一位清高、孤傲的渔翁形象跃然纸上。

对于这首诗，传统教学一般会设置四个教学环节：一是在引导学生理解课题的基础上介绍诗人，让学生了解诗人的基本情况；二是让学生自由读古诗，读准字音，读通句子，进而理解诗句的基本意思；三是介绍背景资料，引导学生结合背景资料进一步体会诗人的感情；四是在有感情朗读的基础上背诵古诗。笔者以为，照这样的套路"出牌"，学生所得有限。

在组诗教学视域下，笔者引入了另外一首同样有"渔翁"意象的词作——张志和的《渔歌子》，进行比较拓展。首先，引导学生对《江雪》与《渔歌子》做比较，初步感受两首诗所表达的情感的不同。其次，拓展柳宗元和张志和两位诗人的资料，让学生感受到诗蕴含的情感不同的真正原因。再次，由《江雪》引入《渔翁》，由《渔歌子》引入《题秋江独钓图》。在不断拓展与比较的过程中，学生逐步对这组诗中所呈现的"渔翁"意象有了比较清晰的认识。

（四）相同类别组诗——整体迁移教

古诗有不同的分类原则。比如，按照古诗的题材，有田园诗、送别诗、山水诗、爱情诗、哲理诗、边塞诗、悼亡诗、战争诗等；按照古诗的形式，有古体诗、乐府、律诗、绝句等。教学中，教师可以有意识地按照古诗的不同类别来组诗，帮助学生了解某一类诗的总体特点。

比如，宋代哲理诗是我国诗歌王国一颗璀璨的明珠，给我们留下了无数优秀的诗句。细细品读之后，就会发现其中的哲理精华。王安石的《登飞来峰》一诗，可与苏轼的《题西林壁》组合起来开展教学，引导学生感受哲理诗的整体特点。在此基础上，笔者又补充了杨万里的《过松源晨炊漆公店》和卢梅坡的《雪梅》，帮助学生迁移学习方法，进一步体会宋诗寓理的特点。通过这样的整体感知，学生对于宋代哲理诗的特点就有了较为深刻的认识，为今后进一步学习打下了坚实的基础。

组诗教学中，教师不仅应该成为古诗的解读者，更应该成为课程的开发者，能够由一首古诗带出一组古诗，由一组古诗带出一类古诗，再由一类古诗走向一种文化意象，为学生的古诗学习打开更加广阔的天地。由此，学生可以持续接受古典文化的熏陶，得到精神的启迪，深深地爱上中华优秀传统文化。

（本文登载于 2019 年第 1 期《教育研究与评论》）

参考文献

[1] 温儒敏. 如何用好"统编本"小学语文教材 [J]. 课程·教材·教法，2018，(02):4-9.

为学生打下精神和文化的底子

《义务教育语文课程标准》（2011版）指出，语言文字是人类最重要的交际工具和信息载体，是人类文化的重要组成部分。工具性与人文性的统一，是语文课程的基本特点。[①]然而，语文教育长期以来存在的"少慢差费"现象一直为世人所诟病。目前，新一轮的课程改革为学校带来了新的发展机遇，如何为学生提供更加适合的语文课程，满足学生的多元化发展需求，是摆在我们面前的重要任务。

中关村一小立足《义务教育语文课程标准》（2011版），初步构建了"语言与人文"领域课程，分别从听、说、读、写四个方面拓展阅读与欣赏、活动与习作、国学启蒙、思维与表达四个模块的课程内容。这四个模块既相互独立，又互为联系。从总体上来讲，四个模块立足于学生语文素养的提升。思维与表达侧重于培养学生的听、说及思维能力；阅读与欣赏侧重于培养学生阅读的兴趣，引导学生爱上阅读；活动与习作则是为了进一步激发学生的习作兴趣；国学启蒙实际上为学生打下了传统文化的基础。我们希望通过课程的开设，进一步激发学生的阅读兴趣，提升学生的口语表达和书面表达能力，使学生在积累语言的过程中不断提升阅读、表达、思辨等方面的知识与能力，提升思想道德修养和审美情趣，为学生打下精神和文化的底子。

---

① 引自《义务教育语文课程标准》（2011版）。

一、从阅读走向"悦读"

在阅读与欣赏模块，我们编选了"走近老舍""走近林海音"等内容。老舍先生是一位人民艺术家，一位伟大的作家，如何引领刚刚步入四年级的学生逐步走进老舍先生的文学世界呢？张征老师和所有教学这一模块内容的老师开始了新的探索。她们从教材中已有的老舍作品入手，带领学生初步感受老舍作品的风格。于是，《草原》《养花》《猫》《趵突泉》等不同版本的老舍作品走进了学生们的阅读世界，充实着学生们的心灵空间。

随着课程的不断深入，学生在阅读老舍作品的过程中提的问题也越来越多。比如，在张征老师的课堂上，有的学生会问："《四世同堂》中的那条胡同在现实生活中是什么样的呢？""《茶馆》提到的旗人是怎么回事儿？八旗又是怎么回事儿？""《正红旗下》'正'是读'正'（zhèng）还是'整'（zhěng）？"……这些问题体现着学生思维的深度，也体现着学生阅读的兴趣在不断高涨。在老师的指导下，一个个研究小组成立了，有的研究北京方言，有的研究北京胡同，有的研究老舍生平，还有的研究老舍作品的特点……于是，一个个问题逐渐得到了解决。比如大家平时都知道"正红旗""正黄旗"，其中的"正"字到底该怎么读？为此，张老师专程请教了皇族后裔、书法家爱新觉罗·毓骏先生。老先生说，《正红旗下》的"正"应该读"整"（zhěng），意思是整面旗都是红颜色的。

在老师的不断引导下，"阅读与欣赏"课由课内走向了课外，学生们周末和家长一起走进北京的胡同，走进老舍故居，参观现代文学馆，游览北京城的名胜古迹。学生在游览的过程中，感受到了胡同生活的惬意、老北京话的亲切、老北京小吃的可口、老北京童玩的有趣……慢慢地，学生们理解了老舍作品中那些普通老北京人的生活。此时此刻，老舍这位伟大的作家和他的作品已经立体地呈现在学生心目中了。随着时间的推移，有些学生甚至走进茅盾故居，并开始阅读和老舍同时代的其他作家的作品。阅读已经开始走向了"悦读"。

二、我的话题我来选

五年级的思维与表达模块，我们共编排了五个单元，分别是"礼物""危急时刻""梦想""故事会"和"辩论会"。在教学过程中，闫静老师和吴月红老师开学初便将课题公布给学生，请学生进行选择，让他们选择出自己感兴趣且有话可说的课程内容。

通过小组讨论，学生一致认为更喜欢"危急时刻""梦想""故事会"等内容。内容确定后，学生又进一步自主确定了想要表达的具体话题，并进行准备。

在进行"危急时刻"话题交流的时候，学生结合自己的生活实际，利用课外资料、网上新闻等内容开展了交流。他们有的用幻灯片，有的用视频，有的采用互动问答的形式讲解了危急时刻来临时人们应如何应对，如何自救等知识。课堂上，表达者有条有理，倾听者专心致志，并随时进行互动、答疑，结束后，学生还在老师的指导下进行了鼓励性的评价，效果非常好。

在学期末填写的调查问卷上，有的学生这样写道："上了思维与表达这门课程之后，我收获很多，比如，我的表达能力更强了，不再害怕在许多人面前说话了，组织语言的能力更强了。"还有的同学这样写道："在思维与表达选修课上，我认识了许多新朋友，学到了很多新知识，更主要的是我学会了怎样向同学们表达某件事，我感觉很开心。"

三、"场复原"让学生爱上国学

相比较而言,国学启蒙这门课程显得有些枯燥与生涩。怎样让学生爱上国学呢？在教学过程中,李松瑜和洪丽娟老师根据《论语》"留白"之处,带着学生穿越时光隧道,用"场复原"的方法,为学生创设情境,在情境中进行语言文字方面的训练。在这样的教学过程中,学生对于文本的理解经历了再想象、再创造的过程,这既是学生主动学习的过程,也是师生之间平等对话的过程。

这种教学方法遵循了学生的身心发展规律和语文学习规律,受到学生的欢迎。学生的喜欢源于教师在教学过程中角色的置换,也源于学生在学习过程中的自主与探究,还源于学生之间、师生之间结成的学习伙伴模式,学生在平等融洽的氛围中交流,在自主学习、合作、探究之中逐渐完成对《论语》重点语句个性化的理解与创造,达到了传统教学所不能达到的境界。

四、学作文,更学做人

"写作教学应贴近学生实际,让学生易于动笔,乐于表达,应引导学生关注现实,热爱生活,积极向上,表达真情实感。"[②]然而,日常的习作教学中却面临着无数困境,学生没有内容可写,不知道如何写,教师也觉得作文没有办法教,甚至事倍功半。

在活动与习作可选择课程中,学生们在刘江平老师的指导下,先开展活动,然后再进行习作练习,学生们兴趣盎然,乐此不疲。例如,在"赶猪跑"这个游戏中,教师先把同学分成不同的小组,六个同学一组,每边站三个人,每组一个篮球("猪"),一根球棒,当老师喊"开始"后,一个队员用球棒把球"赶向"对面的队员,对面的队员接

---

② 引自《义务教育语文课程标准》（2011版）

过球棒再向回"赶"，直到队员都参与完，活动宣告结束。此游戏类似于迎面接力。学生在这个过程中学习到的不仅仅是习作方面的知识，更重要的是他们学会了与同伴的合作，学会了对同伴的包容与理解。这不仅仅是在学作文，更是在学做人。

在学期末的调查问卷中，有的学生这样写道："我觉得可选择课程不仅能教给我们作文方法，还能促进同学们互相帮助、互相学习。"有的同学这样写道："我觉得这门课程特别有意思，和我一开始想的一点儿都不一样，让我对作文有了新认识，觉得写作文变得容易了。"还有的同学写道："我选修了活动与习作，通过'我说你做'等几次游戏活动后的即兴写作，感觉写作文没那么难了，我不再怕写作了。"

目前，我校的课程改革带给教师的是又一次专业成长，让一线教师有机会参与到课程开发中，把教师推到了前台，使他们成为课程研发、实施的主人，让教师的工作变得更具有挑战性，更具有创造性；带给学生的是更宽松的学习环境、更丰富的课程资源、更多样的学习方式。课程改革，我们在路上！

（本文登载于 2015 年第 4 期《中国教师》）

在小学语文教学中实施"可持续发展教育"的几点思考

　　可持续发展教育是以尊重当代人与后代人的发展需求、尊重发展的差异性与多样性、尊重环境、尊重地球资源为核心的价值观教育，是关注社会、文化、经济、环境领域持续发展问题的教育。在小学语文教学中实施"可持续发展教育"是由《全日制义务教育语文课程标准（实验稿）》（以下简称《语文课程标准》）和语文教材的特点决定的。语文教师要明确可持续发展的教育思想，积极挖掘语文教材中可持续发展教育的渗透点，引导学生不断强化自己的可持续发展意识，并通过语文课外活动，巩固课堂教学的可持续发展教育。

一、在小学语文教学中实施可持续发展教育的可能性

　　（一）可持续发展教育在《语文课程标准》中的体现

　　《语文课程标准》从课程的基本理念、课程总目标、阶段目标、实施建议、评价建议等各个方面都融入了可持续发展教育的思想。语文学科是进行可持续发展教育的半显性课程，该课程对可持续发展教育四个领域的诸多主题均有所涉及，是实施可持续发展教育的良好载体，教师在教学中应有意识地挖掘可持续发展教育的渗透点，在保持语文教育特点的前提下合理有效地进行可持续发展教育的渗透。

　　（二）可持续发展教育在小学语文教材中的体现

　　《语文课程标准》在"教材编写建议"中指出，教材应体现时代特点和现代意识，关注人类，关注自然，理解和尊重多样文化，有助于

学生树立正确的世界观、人生观、价值观；教材要注重继承和弘扬中华民族优秀文化，有助于增强学生的民族自尊心和爱国主义感情，等等。

下面以北师大版教材四年级下册为例来说明。

粗略统计，与可持续发展教育相关的内容在一册教材中达到了 50% 左右，由此可以看出在小学语文中实施可持续发展教育是完全可行的。

可持续发展教育统计表

学科	教材版本	可持续发展教育基本内容		教材中相关的可持续发展教育内容
语文	北师大版	社会领域	公民责任与权利	第 5 单元：规则 《钓鱼的启示》《谁说没有规则》
			和谐社会	第 6 单元：眼睛 《永生的大眼睛》《渴望读书的"大眼睛"》
			生命教育	第 3 单元：花 《种一片太阳花》
		文化领域	优秀传统文化	第 1 单元：话语 《秉笔直书》 第 11 单元：快与慢 《欲速则不达》
			民族精神	第 12 单元：回归 《七子之歌》
		经济领域	循环经济	第 10 单元：路 《丝绸之路》
			新农村建设	第 10 单元：路 《乡村大道》
			城市发展	第 5 单元：规则 《谁说没有规则》
		环境领域	水资源	第 8 单元：舟船 《沙漠之舟》
			能源	第 9 单元：太阳 《太阳》
			生物多样性	第 12 单元：回归 《朱鹮飞回来了》
			环境污染与防治	第 12 单元：回归 《朱鹮飞回来了》
			气候变化	第 9 单元：太阳 《太阳》
			灾害预防与救治	第 4 单元：手 《一双手》 第 6 单元：眼睛 《我只看见你的眼睛》

二、在小学语文教学中实施可持续发展教育的主要思路

（一）语文教师要明确可持续发展的教育思想

作为小学语文教师，必须明确可持续发展教育的重要性，应正确认识人与自然的关系，摆正人与自然的位置，确立人、社会、自然协调发展的价值观。教育就是为了提高人的素质，教育就是为了培养具有可持续发展观念的人。同样，小学语文教育也承担着这样的责任与义务，应当培养学生对自然抱有一种正确的态度。

（二）挖掘小学语文教材中可持续发展教育的渗透点

在现行的小学语文教材中，很多地方体现了可持续发展教育的内容，只有认真地挖掘教材中的可持续发展教育渗透点，才可能在自己日常的教学工作中进行渗透。这也是语文教学中渗透可持续发展教育非常重要的一个环节。

1.找准可持续发展教育渗透点，是在语文教学中实施可持续发展教育的基础。

语文课文的内容丰富，字里行间蕴含着丰富的可持续发展教育思想，有时一篇课文往往同时包含着几个方面的可持续发展教育因素。哪些因素最能切合实际地对学生进行有效的教育呢？这就需要靠教师根据教材实际和学生可接受的层次去准确把握。所以，教师在备课时，不仅要找出课文的知识点、训练点，还应找出可持续发展教育的突破口，也就是找准这篇课文最主要的可持续发展教育因素，即可持续发展教育渗透点。找准了渗透点，才能够避免在语文教学中进行可持续发展教育的盲目性、随意性，才能在语文教学中目的明确、扎扎实实地渗透可持续发展教育思想，从而保证渗透的有效性。

2.把好可持续发展教育的度，是在语文教学中实施可持续发

展教育的关键。

儿童的认知水平是随着年龄的增长、知识的增加、阅历的丰富而逐步提高的，不同年龄层次的儿童对可持续发展教育因素的理解程度、可接受程度是有区别的。因此，我们在教学时，就一定要根据儿童的生活经验、思想实际和认知水平，去把握可持续发展教育的度。只有这样，才能真正地让学生理解和接受，使教育收到实效。

3. 选好可持续发展教育渗透法，是在语文教学中进行可持续发展教育的保证，说明了语文训练和可持续发展教育的关系不是油水分离，而是水乳交融的关系。有机地实施渗透，既能强化语文的可持续发展教育功能，又能引导学生透过表面，在更深的层次上领会语言文字的魅力。如何渗透？在备课时，教师一定要认真阅读教材，品词析句，体会作者的用意，在领会中心思想的基础上，发掘文章的可持续发展教育因素，在理解课文内容和语言文字的训练中进行渗透。

（三）引导学生不断强化自己的可持续发展意识

在语文教学中实施可持续发展教育，教师起到的主要作用就是培养学生具有可持续发展意识。这种意识能否转化为实际行动，必须通过学生的不断强化，甚至内化。学生可以在接受老师的环境教育的同时，通过多种渠道收集这方面的资料，关注这方面的信息，在强化自己意识的同时，还要付诸实际行动，从我做起，从身边的小事做起。

（四）通过语文课外活动，巩固课堂教学的可持续发展教育

除课堂教学外，语文课外活动有着更广阔的天地。各种形式的可持续发展教育活动，不同于课堂教学，学生自己积极参与，进一步巩固了课堂教学中的可持续发展教育。

三、在语文教学中实施可持续发展教育的几点体会

小学语文学科的特点决定了它是实施可持续发展教育的主渠道,试行的《语文课程标准》也明确提出,全面提高学生的语文素养,应使学生具有"适应实际需要的语文能力"。在语文教学中实施可持续发展教育,有其自身的优势。

(一)可持续发展意识的教育应该首先是一种体验教育,且通过体验和潜移默化的影响,使学生产生一种积极的、自觉的认同态度。

(二)可持续发展教育还应该是一种情感教育,并在美育的过程中渗透。语文教学的目标之一就是培养学生的审美情操,让学生去感受生活中美的事物,热爱美的事物,从而在情感上发生变化。

(三)把可持续发展意识渗透在语文知识的学习和语文技能的培养之中,进一步提高语文实践能力,既不能丢掉语文学科的特点,又要进行可持续发展教育的渗透。

总之,作为一名小学语文教师,要充分利用现有的教学资源,在语文教学中实施可持续发展教育,使学生尽可能从书本、课堂教学的主渠道受到可持续发展教育的熏陶,逐步形成可持续发展的价值观。

(本文登载于 2010 年第 2 期《基础教育参考》)

利用线上自主学习方式，扎实练好"读说写"硬功

新冠疫情肆虐全球，严重影响了人们正常的工作、生活。教育教学也受到了前所未有的挑战与冲击。对于居家学习的孩子们来说，生活中缺少了可以面对面的老师、手拉手的伙伴，很多时候，他们的内心是孤独、失落的。除了老师的线上指导之外，学生需要自主安排学习，这也对学生的自主学习能力提出了挑战。如何在特殊时期不断提升学生的自主学习能力呢？作为教师，我们要努力为学生搭建自主学习的平台，为学生创造自主学习的机会，让学生自主地读起来、说起来、写起来，不断提升语文素养。

一、线上学习——"自主读"

疫情期间，学生拥有了更多可以自己支配的时间，原先没有时间读的书籍，这时候可以充分利用居家学习的时间，安排学生读起来。在读的过程中可以采取教师推荐和学生自选相结合的方式进行。教师可以结合教材要求为学生推荐相关读物，学生也可以根据自己的兴趣自主选择相关书籍阅读。

首先，可以依托语文课本，为学生梳理教材当中要求学生阅读的相关课外书籍。这些书籍是语文学习的延伸与拓展，可以引导学生读起来。如下表所示，教师为学生梳理了各个年级与课文相关的课外书籍，学生可以从中选取自己感兴趣的内容进行阅读，同时，学生也明白自己所处的年级应该阅读哪些课外书籍，有的放矢，收效显著。

课外书籍推荐表

年　　级	主　题	书名（方式）
一年级　上	读书快乐	介绍"阅读方式"和"阅读途径"
一年级　下	童谣、儿歌	《摇摇船》《小刺猬理发》
二年级　上	童话故事	《小鲤鱼跳龙门》《"歪脑袋"木头桩》《孤独的小螃蟹》《小狗的小房子》《一只想飞的猫》
二年级　下	儿童故事	《神笔马良》《七色花》《一起长大的玩具》《大头儿子和小头爸爸》《愿望的实现》
三年级　上	经典童话	《安徒生童话》《稻草人》《格林童话》
三年级　下	寓言故事	《中国古代寓言》《伊索寓言》《克雷洛夫寓言》
四年级　上	神话故事	《中国古代神话》《希腊神话故事》《北欧神话故事》《印第安神话故事》
四年级　下	科普读物	《十万个为什么》（苏联）《十万个为什么》（中国）《穿过地平线》《细菌世界历险记》《爷爷的爷爷哪里来》《森林报》《地球的故事》
五年级　上	民间故事	《中国民间故事》《列那狐的故事》（法国）《非洲民间故事》《小羊倌》《伊凡王子和灰狼》
五年级　下	古典名著	《西游记》《三国演义》《水浒传》《红楼梦》
六年级　上	儿童小说	《童年》《小英雄雨来》《爱的教育》
六年级　下	世界名著	《鲁滨孙漂流记》《尼尔斯骑鹅旅行记》《汤姆·索亚历险记》《爱丽丝漫游奇境》

当然，除了与教材相关的书籍之外，教师还可以推荐学生阅读更多的经典名著，也可以推荐一些防疫知识，一些时事短评等，让学生沉浸在文字中，在经典美文和实用知识的陪伴下成长。

为了不断激发学生的阅读兴趣，我们还利用各种活动持续推进阅读活动的开展。学生可以从下面的活动中选择不同的活动，展示、分享自己的阅读成果。

1．我为某书代言

学生可以选择读过的、最喜欢的一本书，通过绘制阅读海报的形式，图文并茂，为这本书代言，向同学们推荐，邀请更多的同学和自己一起阅读这本书。

2. 我从书中走来

学生可以选择自己最喜欢的一个书中人物，结合书中对这个人物的描写，绘制这个人物的肖像图，还可以自己装扮成这个人物，配上文字，拍照与同学分享。

3. 名著阅读"听"起来

学生可以从自己喜欢的名著中选择一段精彩的文字，有感情地朗读出来，录制成音频，分享给同学们，鼓励更多的同学和自己一起"听"名著。

4. 居家阅读 DIY

学生可以自己动手，布置自己的阅读空间，可以是家庭阅读角，也可以是家庭书房。充分开动脑筋，发挥聪明才智，让自己的阅读空间充满创意。可以把自己的阅读空间拍照分享给大家。

参与活动的过程中，学生的积极性很高，自主阅读的能力也得到了提升。还有的学生和父母一起阅读，一起享受一段亲子阅读之旅，和父母共同徜徉于文化的海洋中，增长了见识、开阔了视野。

二、线上学习——"开口说"

在居家学习的这段时光，学生读了不少经典美文，也学习了很多防疫知识，了解了很多社会新闻，甚至自己身边也发生了很多值得分享的故事。学生非常渴望将这些所学、所见、所得与老师、同伴进行分享。

教师可以组织线上分享会，以演讲、诵读等多种方式，鼓励学生通过表达展示自我。低年级的小同学可以为大家读儿歌、讲故事，争做"故事大王"；中年级的同学可以诵读浅显的小古文、古诗，争做"诵读小达人"；高年级的同学可以开展班级"百家讲坛"，为大家讲解古诗文、防疫知识等，争做"小先生"。学生通过准备、录制、直播的过程，从语调、音色、表情、声音等各个方面锻炼口语表达能力。

当然，学生的成长也是需要伙伴的，长时间的线上学习，让学生经常独自面对屏幕，教师要努力为学生创设线上对话的情境，开展即时交流。

对于低年级同学而言，可以通过分角色朗读故事的形式，实现线上对话。学生会沉浸在故事之中，觉得自己就是故事中的人物，乐此不疲。对于中、高年级学生而言，则可以鼓励他们自主结成学习小组，小组成员可以少则三五人，多则七八人，分工明确，定时连线，汇报学习情况，交流学习心得，共享学习方法。总之，在这样的对话中，让学生实现"生生互动"，让学生感到虽然疫情隔开彼此，但心灵依然相通。

在这个特殊的时期，我们还可以引导学生将疫情当作一节"人生大课"，思考人与人、人与社会、人与自然的关系，学会查阅资料，用研究的眼光、辩证的思维，看待正在发生的一切，并能在思辨过程中形成自己的观点。教师可以组织中、高年级学生开展线上辩论赛，聚焦疫情期间的社会性议题，让学生通过思辨、表达，培养逻辑、训练思维，在感悟和思辨中明人间之道理、社会之法理、宇宙之真理。通过这堂"人生教育课"，引导学生做一个明达世事、明辨是非、明白事理的有家国情怀的人。

居家学习，需要让学生感受到彼此的联系，让他们在动态化、生活化、实用化的氛围中愿说、爱说、会说、能说，有意识地培养学生进行口语锻炼，在"开口说"中敞开心扉、表达观点、明辨事理。

三、线上学习——"自由写"

学生在自主读、开口说的过程中，必然激发出思维的火花，有时候有一种不吐不快的感觉。为此，我们可以在此基础上鼓励学生自由写。例如，可以鼓励学生每天写日记，记录疫情期间的点点滴滴。那些难忘的人和事，那些瞬间的心灵感悟，都可以成为学生日记的好素材，这些内容也会成为学生成长的养分。

生活是作文的源泉。居家学习是学生人生中一段重要的经历，在此过程中也可以鼓励学生争做"小作家"。学生尝试创作自己的"作品"，可以创作绘本，也可以创作故事、小说，把自己创作的作品分享给大家。

此时此刻的"写"少了一些这样那样的约束，多了一些生活中真实的感悟，多了一些心灵的自由放飞。学生不用担心写多写少，也不用担心写好写坏，只需要坚持写。在一定程度上，这是一种自由写的状态。老师所做的只是鼓励、鼓励、再鼓励，展示、展示、再展示。这种鼓励和展示形式可以是多样的，一张电子奖状，一次微信推送，一句真情赏评，都可以不断激发学生的写作热情，使其灵感不断涌现，这样可以促使学生逐渐成长为写作的主人。

叶圣陶先生说过，"教是为了不教"。由此可见，培养学生自主学习能力至关重要。在今后的教育教学中，还应该不断为学生搭建平台，让学生真正成为学习的主人，成为自己的主人，成为未来的主人。

（本文 2020 年 6 月登载于"自主教育"微信平台）

开启学生诗性心灵

古典诗歌作为我国文学史上最具生命力的瑰宝，至今仍闪烁着灿烂的光芒。在课堂上引导学生走进诗歌的王国，发现、欣赏诗歌的美，不仅能使学生汲取其精华，启迪心智，还能培养学生的想象力和创造力，陶冶情操。

北京市《小学语文学科德育指导纲要》指出，要引导学生"阅读祖国古代优秀诗文，了解我国传统文化的源远流长，认识中华文化的博大精深，吸收民族的文化智慧，培养学生热爱祖国优秀传统文化瑰宝的情感"。作为教师，应该让学生沐浴在诗风中，徜徉在诗海中，让他们多读、多背古诗词，触类旁通，并进行诗词创作，提升学生的语文素养。

课堂教学是学习古诗的主渠道，教师只有立足课堂，才能真正有效地引导学生学习古诗。笔者下面以教学北师大版四年级下册"古诗二首"中的一些做法为例，谈谈自己在课堂教学中培养学生学习、欣赏古诗能力的尝试。

一、查阅资料，了解诗人

在古诗教学中，学生对诗人的了解，会直接影响到对古诗的深入理解。因此，在学习古诗之前，我让学生从书籍资料中，从网上查询诗人杜甫和叶绍翁的生平事迹及代表作品，了解作品的时代背景，以及与作品内容相关的常识。在课堂上引导学生进行信息交流，学生谈到了自己对于诗人的了解，这个过程不仅提高了学生的口头表达能力，也提高了他们主动获取运用信息的能力，了解了许多课本上没有的知识，而且更深入地感知了诗人，为下面的教学环节打下坚实的基础。

二、立足语言，读中悟情

义务教育阶段的《语文课程标准》指出，要让学生充分地读，在读中有所感悟，在读中培养语感，在读中受到情感的熏陶。北京市《小学语文学科德育指导纲要》在关于古诗文的教学建议中指出，教学中，可以通过学生反复朗读或者诵读，展开想象，品味古汉语的内涵，加深对内容的理解，培养热爱祖国优秀传统文化瑰宝的情感。

因此，诵读应该成为古诗教学的主要内容，读中质疑，读中探究，读中感悟，读中释疑，应是古诗教学的基本途径。在"古诗二首"教学中，我始终抓住一个"读"字，引导学生利用各种"读"的形式，反复诵读，品味诗人的真情实感。

1. 自读

上课伊始，让学生自由朗读两首古诗，把字音读正确，把句子读通顺。学生在这个过程中，自主性得到充分发挥，自读自悟，其乐融融。

2. 听读

听老师范读，在教学《游园不值》时，老师绘声绘色的范读把学生带入诗人的感情世界，与诗人同悲同喜，使诗人的情感自然地辐射到朗读者的情感之中，从整体上感悟诗人情感的变化。

3. 想象读

引导学生想象诗中所描述的画面进行想象读，边读边想象。

例如：在教学"黄四娘家花满蹊，千朵万朵压枝低"时，老师鼓励学生想象花朵的颜色、种类等，并有感情朗读，不用老师说，"一切尽在一读中"了。

4.赏析读

引导学生诵读经典名句，理解所表达的感情及深刻含义，进一步加深对诗歌的感悟。在这个环节，教师应调节好读书与讨论赏析的节奏，处理好听讲与诵读、思考与表达之间的关系，使学生听得热情，思得激动，说得明快，读得酣畅。

在一定时间内，运用不同的组合，提出不同的要求，全班同学进行精彩纷呈的背读竞赛。

三、质疑讨论，理解诗意

教学中"理解诗意"这个环节，侧重于学生互相答疑，讨论合作解决疑难。在这个环节中，我鼓励学生对诗文不理解的地方提出疑问，再通过独立探究形成初步结论，最后让学习小组讨论、筛选，最后全班商议。教师针对学生的问题"适时点拨，相机诱导"，使学生在教师帮助下主动思考，主动探索，主动发现，最后互相补充，集思广益，得出较为全面、科学的认识。这个环节与前面的诵读也要有机地结合起来，才能达到更好的效果。

四、延伸升华，领悟诗理

在古诗教学中，我比较重视"延伸迁移"，它与语文新课程要求的"超文本""大阅读"理念一样，充分体现了语文教学重视课内外的沟通，拓展了学生学习语文的空间，培养了学生的积极创新精神。为此，在《江畔独步寻花》教学中，我恰当地引入了杜甫《春望》中的句子："国破山河在，城春草木深。感时花溅泪，恨别鸟惊心。"引导学生更深一层领悟作者的思想感情，使学生不仅受到审美的教育，而且走进了杜甫的心中，使学生的情感得到熏陶和升华。

五、同题比较，学会欣赏

许多古诗在内容或主题方面都有很多相似的地方，在教学"古诗二首"时，教师启发学生对"满"字进行比较、玩味，让学生体会到同样的春景可以用不同的方法来描述。古人讲究"炼字""推敲"等，在古诗教学中，如果能够抓住一些重点的语言文字让学生反复品味，一定可以提高学生对语言文字的感受能力，同时也可以提高学生欣赏古诗的水平。

诗是开启心灵的艺术，诗可以提升人的文化素质。诗歌在新教材中有较大的比重，而我国又是一个诗歌王国，因此，作为一名语文教师，应灵活运用新课程理念指导诗歌教学，让学生在诗海中徜徉，尽情享受诗歌中洋溢的"美"。

（本文登载于 2008 年第 24 期《中国教师》）

审视教学细节，营造和谐课堂

——浅谈教学细节引发的思考

【内容提要】教学细节是教师在教学过程中围绕教学所发出的一系列连续不断的具体行为，表现为多样的形式和复杂的结构，形成于特定的教学情景中，具有独立的教学价值和意义。把握住"细节"，便留住了一份精彩，营造了一份美丽。牢固树立"以学生的真实发展为本"的理念，不断探讨平时的教学课堂，科学而艺术地捕捉教学细节，改变教学行为，才能营造和谐而又完美的课堂教学。

【主题词】教学细节；和谐课堂

经常听说：区区小事，何足挂齿；也常听说：细节决定成败。就我们现在所进行的课程改革以及每天都在进行的课堂教学而言，我想说：小事不小，细节要细。只有真正关注教学细节，才有可能创设和谐的课堂氛围，学生才可能在课堂中真正受益。汪中求先生曾在《细节决定成败》一书中强调：不论做什么事都要重视小事，注重细节，把小事做细、做透。在实施新课程改革的今天，我们的课堂教学工作尤其应该如此。

本文所关注的教学细节包含三方面意思：一是对教学行为而言，它是由教师发出的，是指向教学过程、教学对象，或是教学过程中对教学具有重要推动和联结作用的一些关节点；二是指文本本身的细节。三是指学生学习习惯的细节。如正确书写的习惯、圈点勾画的习惯、语言表达的习惯、及时订正错误的习惯等。

一、行为细节——创设和谐课堂的关键

教师行为细节可能是教师的一句话或是一个动作，甚至一种表情，也可以是师生之间的对话和互动。有些教学细节是教师自身发出的，不需要学生做出呼应。但是更多的细节是由教师和学生之间所形成的一种互动、反应等，需要师生共同完成。如学生对设计问题的不同反应：或举手，或皱眉，或跃跃欲试，或低头沉思，都影响着教师对问题的思考：问题指向明确吗？难度是否切合学生实际？……通过互动的细节进行及时有效的调控。下面就联系自己所观察到的几个镜头谈几点自己的想法。

镜头一：什么时候写课题？

上课铃声还未响起，学生还未进入课堂，老师却已经在黑板前忙碌，短短三五个字的课题，写了又擦，擦了又写，如此反复，直到自己远观、近看都满意了，才转过身迎接学生的到来。

反思：到底应该什么时候写课题？写课题的目的是什么？尤其是语文课，教师的板书对学生有极其重要的潜移默化的影响，有的学生甚至会模仿老师的字体。在低、中年级，教师板书作用的巨大更是不言而喻。所以，教师在讲课的时候最好能够当堂板书，让学生的眼睛看着老师来板书课题。

镜头二：到底谁该说谢谢？

当下课铃声响起的时候，老师结束了自己的教学工作，高高兴兴地对同学们说"再见"，同学们则在小班长的带领下大声说道："老师，再见！"同时，随着小班长一声"向后转！"的口令，全体学生迅速向后转，面向听课的所有老师大声说道："老师再见！谢谢老师！"这一系列活动训练有素，浑然天成。台下听课的老

师随之响起一阵稀稀拉拉的掌声。

反思：在这个过程中到底谁该说"谢谢"，是听课的老师，还是上课的孩子？如果这一声"谢谢"说给讲课的老师，倒也无可厚非，但课堂所呈现出来的情况是否有点不合适？窃以为，在一节课当中，孩子和上课的老师是最辛苦的。下课时，所有听课的老师应该用热烈的掌声表达自己的深深谢意。或者是由讲课的老师在下课时向同学们说："我和所有听课的老师与你们一起度过了难忘的40分钟，谢谢你们！"

镜头三：怎样面对学生不在"点"上的提问？

一节课已经临近下课，学生学得兴趣盎然，授课教师也自我感觉良好，为了体现学生质疑的过程，实现知识的延伸和拓展，老师问道："谁还有不懂的问题？"学生沉默。老师进一步鼓励："有问题尽管问，胆子大一些！"于是，一名学生怯生生地站起来问了一个问题，这个问题正是老师上课时重点讲授的内容。老师面露不悦，面向其他同学说道："这个问题我讲过了吗？"学生齐答："讲——过——了！"于是提问的同学惭愧地低下了头。

反思：这是很多教师习以为常的教学细节，它所传递的信息，其实就是："你刚才没有专心听讲，老师刚讲完的你都不会。"长此以往，学生回答问题的主动性、积极性会逐步丧失。这一细节还隐含了一个错误的观念，即教师讲过的内容，学生不应该再问。我们应该认识到，课堂应该是允许学生出错的地方，在我们认为"应该"和"正常"的地方，在我们忽视和漠视的地方，常常隐藏着非教育和反教育的现象。

对教学细节的处理，有许多关乎教学机智，无法预设。"运用之妙，存乎一心"，它是教师积极反思、经验积累的结果。教学细节需要教学机智，也需要教师有一双善于发现的眼睛。善于发现，才能抓住转瞬即逝的教学行为细节，画龙点睛，点石成金，使细节成为教学的突破口，成为学生的兴奋点、解读文本的关键点、化解疑难的转折点，从而创造和谐互动的课堂。

二、文本细节——创设和谐课堂的凭借

文本是由细节组成的，把握细节是解读文本的钥匙；文本又是靠细节支撑的，解读教材，其实就是通过对文本诸多细节的析读把握全文。如一个生动传神的词语，一句个性化的语言、画龙点睛的句子等，对这些地方的理解、揣摩、品味往往可以成为解读文本的突破口。对文本细节的处理，一般来说，教师可以在备课时预先设计好，也有一些需要在课堂教学过程中互动生成。对细节的关注体现了教师对教材的重视，也体现了教师扎实的教学基本功。我觉得教师尤其是青年教师应该关注文本细节，因为这些细节是看得见、摸得着的具体可感的东西，通过对文本的反复阅读发现细节，并以细节为基础，从细节突破，容易使教学落到实处。而忽视细节，贪大求全，则无法真正让学生学有所获。

例如：一位老师在讲授《记金华的双龙洞》一课中，紧紧抓住写"空隙"一段中的五个"小"字和三个"到"字，引导学生体会"贴"和"挤压"的不同感受，在读中品味，在想象中感受，在做动作中领悟。通过对这几个字的深入挖掘，学生们充分体会到了缝隙虽窄小奇险，但乐趣十足。这个文本细节抓得实，抓得好，有语文课的味道，学生可以尽情地在语言文字中畅游，能充分体会到语言的精妙、语文的美妙。

从某种意义上说，细节决定成败。"窥一斑而知全豹"，把握细节是洞悉全文的窗口。当然，强调文本细节也并不是面面俱到，处理文本细节，要有"伤其十指，不如断其一指"的果断，要有"弱

水三千，只取一瓢饮"的气魄，善于抓住文本典型的细节来组织教学。学语言、品语言、用语言，是学习语文的基本方法和目的。只有将文本解读细化、精化，才是真正的语文。

三、学习细节——创设和谐课堂的基础

要关注学生学习习惯的细节，如学生养成正确书写的习惯、圈点勾画的习惯、语言表达的习惯等。在课堂上，教师都应善于发现学生存在的问题，及时提醒，反复矫正，从而使学生养成良好的学习习惯。有不少内容可以归纳到教学行为细节中，这里不再赘述。

新课程强调，教学过程应该是"师生交往、共同发展的互动过程"，而课堂互动往往是通过教学细节来实现的。教学细节推动师生课堂有效互动，有助于和谐课堂的真正形成。我认为，细节虽小，但它在教学过程中的功能和作用，在促进学生发展中的意义和价值，却举足轻重。

课堂是师生共同创作的一部作品，师生在互动中共同成长。关注细节，其实就是关注新课程的理念是否落实到位，就是关注我们的教学行为能否根据新课程的要求重新塑造；关注细节，也是追求教学的合理化、智慧化、精确化，是教学达到一定境界后的品位和追求。精彩的教学细节不仅可以使教学过程具体、丰富、充实，而且可以使教学过程充满诗意和灵动，充满智慧和创造，充满人文与和谐。精彩的教学细节会给我们以意外和惊喜，会令我们陶醉和享受。

当然，强调细节并不是"唯细节论"。教学细节很重要，宏观把握也很重要。没有了方向，目标就无从谈起。这里强调细节，并不是要拒绝总体把握，不是看轻宏观和总体的作用，而是针对

目前课堂教学中出现的一些现象来谈的。把握细节、用好细节是衡量一个教师成熟的标志，是青年教师成长应关注的重要因素。比如，如果我们用特级教师的教案来上课，没有达到应有的课堂效果，主要在于细节处理上存在不同，如一个眼神、一个微笑。而缺少了这些东西，就影响了课堂互动，影响了教学效果。

总之，以上谈到的只是"教学细节"海洋中的几朵浪花，更多的"教学细节"需要我们去发现，去关注。在不懈追寻的过程中，我遇到了许多问题，反思了许多现象，也在细节中成长、成熟。感谢细节，细节虽小，也能体现魅力。我将不断追求细节的境界，因为"教学细节"充盈着灵动的智慧，洋溢着人性的光辉，它是教师教育观念的一种流露，教学风格的一种表达，更是教学水平的一种表现。它看似平常，而平常中蕴含智慧；它看似简单，而简单中孕育深刻。正是因为有了这样的"细节"，我们的教学才会那样充实饱满，那样激情跌宕，那样隽永俊秀。把握住了"细节"，便留住了一份精彩，营造了一份美丽，那是一种心灵奔放的美，一种生命律动的美！

参考文献

[1] 杨九俊. 新课程课堂诊断丛书：小学语文课堂诊断 [M]. 北京：教育科学出版社，2005.

[2] 窦桂梅. 梳理课堂：窦桂梅"课堂捉虫"手记 [M]. 南宁：广西教育出版社，2004.

[3] 汪中求. 细节决定成败 [J]. 领导文萃，2008，(11):114-116.

[4] 熊宜勤. 教学现场的教学细节考察 [J]. 教育学术月刊，2006，(03):71-72.

古诗教学：由"教"到"学"的转身

——以"古诗二首"教学改进为例

崔峦先生 2010 年在"全国第七次阅读教学研讨会"上提出：小学语文阅读教学，要"深化课堂阅读教学的改革，和内容分析的教学说再见。实现由内容分析的阅读教学向策略指导的阅读教学的美丽转身。"著名特级教师周一贯先生又在 2013 年 1 月的《小学教学》杂志《学与导：寻求语文课堂形态的深度变革》一文中提到："我们要寻求由讲演为主向学导为主课堂形态的变革。关键在于如何处理学与导的关系，必须坚信语文课堂教学学是本，导为向，学是基础和归宿，导则为引领和提升。"小学语文阅读教学，在诸位前贤时彦的倡导下，正不断在改变中谋求发展，如果说崔峦先生倡导的是由内容向方法的转变，那么周一贯先生倡导的则是由教师的教向学生的学转变。本文将以教学"古诗二首"为例，探讨在课堂教学改进中，教师由教到学的观念的转变和教学流程的改变过程。

一、整教散学：古诗教学可以这样做

"古诗二首"（《别董大》和《送元二使安西》）是北师大版教材六年级下册的课文，所属单元的主题是"珍惜"。《别董大》以其豁达的胸襟和豪放悲壮的风格使人折服，而《送元二使安西》则以其浑厚的离别之情和细腻哀婉的心态感人至深。同是赠别诗，前者的塞外风雪让人感觉到豪迈悲壮，而后者的渭城风雨则使人缠绵低回。

这两首诗的重点教学环节是这样的：

1. 导入新课，体会题目的精确表达：让学生自己读题目并说说读懂了什么，从哪里读懂的，并不断变换题目引导学生体会"送""别"之不同。

2. 学生依据自学提示，用自己已掌握的学习古诗的方法理解基本内容。

3. 分别引导学生交流两首古诗的内容。在此过程中引入相关资料，并引导学生有感情朗读古诗。

4. 引导学生体会两首诗写景和表达情感方面的不同。

5. 引导学生理解两首诗写法的不同。

6. 对比题目，进一步理解"送""别"的不同。

在教学过程中，重视学生的朗读，引导学生在想象中进入古诗所描述的意境，进而有感情地朗读古诗；另外，注重资料的引入，在不同的教学阶段引入不同的资料，加深了学生对于古诗内容的理解。同时，在教学过程中，能够引导学生进行两首古诗的比较，在比较中进一步丰厚了学生的情感体验。因此，教学进行得很顺利，课堂气氛热烈，学生学得也有滋有味，课后受到听课教师的一致好评。

然而，是否好评如潮的课，就没有遗憾呢？笔者不由想起李镇西老师在《反思我的"成名作"》中谈到的："这些表面现象巧妙地掩饰了我内在的'教师本位观'！换句话说，表面上看，我很尊重学生；但骨子里面，我尊重的是我自己。"这节课，是否也如李老师谈到的，"骨子里，我尊重的是我自己"？带着这样的疑问，我开始换一个视角分析自己的课堂，探讨古诗教学的另外的可能。

二、在教在学：古诗教学的其他可能

王荣生教授在《教学环节就是组织"学的活动"》一文中谈道，语文课堂教学的改善，取决于我们基点的改变，也就是说，要将"以教的活动为基点"逐步转变为"以学的活动为基点"。因此，笔者认真观看了自己执教的"古诗二首"录像及课堂实录。当我换一个视角来看这节课时，我发现了课堂中的问题：只是关注了教师的"教"，而没有关注学生的"学"。"教的活动"相对完整，而"学的活动"则是零散的、浅层次的，"学的活动"没有充分展开。基于这一认识，我进一步对本节课中的"教"与"学"进行了分析，将教学过程转化为直观的分析表：

"教""学"活动分析表

实际的教学内容	教的活动	学的活动
1.体会题目的精确表达	让学生自己读题目并说说读懂了什么，从哪里读懂的，并不断变换题目引导学生体会"送""别"之不同	不同的学生起立回答老师提出的问题
2.理解古诗意思	出示自学提示，引导学生用自己掌握的学习方法理解诗意，想象画面，读出情感，并提出不懂的问题	学生自学2分45秒，理解诗意
3.学习理解《别董大》	引导学生交流对句子意思及重点字词意思的理解，并引入董庭兰的相关资料，帮助学生理解	学生在教师的引导下汇报对句子及重点字词的理解，同时有感情地朗读古诗
4.学习理解《送元二使安西》	方法同上	方法同上
5.体会两首诗写景和表达情感方面有何不同	安排学生小组讨论	小组讨论并发言
6.理解写法不同	教师小结	学生听讲
7.对比题目，理解"送""别"之不同	方法同上	方法同上

由上图看出：

1. 教师引导学生体会古诗题目的精准表达。学生读题目并说自己的感受，这个过程中学生的感受是零散的，不连贯的。同时，学生与老师的交往始终是一对一的单向交流。

2. 在理解古诗意思环节，虽然给了学生自主学习的时间，但是，由于时间过短，学生并未充分理解诗意，因此，在第三、第四环节学习理解这两首诗时，学生也是通过一问一答式学习，没有形成对古诗的系统理解与思考。

3. 在体会两首诗写景和表达情感方面的不同时，虽然安排了小组讨论，但是在具体汇报的过程中呈现的仍然是信息的单向传递，学生的发言之间没有联系，发言的对象都是针对教师，回答教师提出的问题，学生没有从同伴之间获取信息，没有从同伴身上获得经验，导致对正面的经验强化不够，没有形成班集体共同的学习经验。

4. 第六、第七环节则完全变成了教师讲、学生听的局面，学生的主体性完全丧失，课堂完全成了"教"的天下。

通过上述梳理，可以看出，教师"教的活动"是有一定的顺序与内在联系的：由诗题入手展开教学，进而理解诗意，感情朗读，并在此基础上比较两首诗在情感与写法上的异同。但是，学生"学的活动"是零散的、没有内在联系的。这样的课堂实际上是用提问和追问引领的课堂，而非用"学的活动"引领的课堂。尤其对话部分，基本是学生与教师的单向联系，没有建立学生与学生之间的联系。佐藤学在《教师的挑战：宁静的课堂革命》一书中提出，"在教学中，教师工作的中心在于'倾听''串联''反刍'。串联是教学的核心，教师在教学中把教材与儿童串联起来，把一个儿童同其他儿童串联起来，把一种知识同别种知识串联起来，把昨天学到的知识同今天的知识串联起来……探讨课堂教学中的教师的活动，无非就在于探讨这种活动是否成为'串联'的活动。"回顾这段教学，教的过程清晰，但学的过程不清晰、不系统，教师"切断"的情况比"串联"的情况要普遍很多。

三、未教先学：古诗教学更应该这样做

经过上述分析与反思，如果重新以"学的活动"为基点来架构本节课的教学，我们将设计如下教学环节：

环节一：自主学习，读懂古诗

在这个环节中重点让学生通过自学，疏通字词、句子的意思。六年级的学生借助工具书是完全可以理解古诗意思的，教师需要做的只是相机点拨，组织交流汇报。预计此环节需要 14 分钟。

环节二：深入比较，体会异同

这个环节重点引导学生结合自己所搜集的相关资料，比较这两首诗在写景及抒情方面的异同，进而能够理解写法及题目方面的不同。教师可以出示表格引导学生学习。表格如下：

诗题异同	《别董大》	《送元二使安西》
相同		
不同		

学生结合古诗内容完成表格的填写，并在此基础上组织学生小组交流，然后小组选取代表进行汇报，鼓励学生发表不同的意见。预计此环节需要 16 分钟。

环节三：进入诗境，感情朗读

在学生理解诗意、比较不同的基础上引导学生有感情朗诵古

诗，读出这两首诗所表达的不同情感。预计此环节为 10 分钟。

这样的教学设计力图更多关注学生的学，保证学的时间相对完整。在这样的教学环节中，学生不是配角，不是应和老师提问的机器，而是学习的主人。学生有充分的时间可以自读自悟，同伴交流，而教师的指导则是基于学生学习基础上的顺学而导。教育家陶行知先生认为："教的法子必须要根据学的法子""先生的责任不在教，而在教学，教学生学。"古语说得好："授人以鱼，只供一饭之需；教人以渔，则终身受用无穷。"如果将"鱼"比喻成知识，将"渔"说成是获得知识的本领，那么教师应该在让学生学会知识的同时也掌握学习的本领，而学习的本领只能是学生在学的过程中获得，而不是教师教会的。

鉴于此，今后的课堂教学中，需要我们在努力研究"教什么、怎么教"的基础上，更多思考学生"学什么、怎么学"的问题。只有真正把"学的活动"落到实处，才能真正实现阅读教学的"华丽转身"。

参考文献

[1] 李节.关注"学"的阅读教学——上海师范大学教授、博士生导师王荣生访谈 [J].语文建设，2011，(006):9-14.

[2] 王荣生.教学环节就是组织"学的活动"[J].语文学习，2010.

[3] 周一贯.学与导:寻求语文课堂形态的深度变革 [J].小学教学，2013(1):5-7.

[4] 佐藤学，钟启泉，陈静静.教师的挑战:宁静的课堂革命 [J].全球教育展望，2012(9):100.

新课程下小学生语文假期作业的创新

——"暑假作业大变脸"活动的实践与思考

【内容提要】以往的假期作业多、繁，给学生造成了过重的负担，使学生由封闭的教室又被迫走进了封闭的家庭，不仅损害了学生的健康，还会导致他们对学习憎恨，最终与教师、家长的初衷背道而驰。这些做法必须改变。于是，我们在新课程精神的指导下，针对学生的具体实际，开展了"暑假作业大变脸"活动。这次作业设计，主要体现了以下思想：转变师生关系，激发学生兴趣，开展综合实践，培养创新精神。

【关键词】创新假期作业综合实践

长期以来，烦琐单一、机械重复的作业，对学生来说是一种沉重的负担，既严重摧残了学生的身心，又极大地挫伤了学生的积极性和主动性，扼杀了他们的灵性和创造力。因此，教师在设计作业时，要有创新精神，让作业真正成为培养学生创新能力的乐园。我校在暑假对学生的作业进行了改革与创新，从作业的形式到作业的内容都有了很大的变化，这一变化得到了学生、家长、老师和社会的认可。这份作业，缩短了师生之间的距离，充分体现了各学科的整合，在假期作业的完成过程中，学生的自主性得到了充分的发挥，学生的社会实践能力得到了极大的提高，收到了很好的效果。

一、创新作业内容，促进学生发展

今年暑假，我们立足于学生发展，开展了更新颖、更符合学生实际、更好地服务于学生的"暑假作业大变脸"活动。这项活动共设计了"十个一"。即：录一个小故事，拍一个小短片，学一招小绝活，制作一张小报纸，来一个小发明，说一回心里话，写一篇读后感，编一本作文集，做一份兴趣作业，寻找一个身边的道德细则。学生可以从其中任意选择自己感兴趣的两到三项作业去完成。这项活动是以信的形式布置给学生的，信纸和信封上面均印有学生喜爱的卡通图案，信封上还写着"快快乐乐过暑假"七个大字。在信中，教师以大朋友的身份和学生进行温馨对话，春风化雨般的语言温暖了学生的心灵，让学生感到格外亲切。当学生拿到信件时，高兴之情溢于言表。四年级学生刘京灏说："我觉得这次作业和以往的有很大不同，当我拿到信时，感到很惊讶。咦！哪来的信呀？我马上打开信封，哇！这么好看的图案，我真有点爱不释手。我迫不及待地打开信，仔细一看，原来是老师给我们精心布置的暑假作业，我们可以对自己感兴趣的作业随意挑选，真是太好了！"五年级学生薛弘涛说："这次暑假，老师以信的形式给我们布置了作业，老师在信中称自己是我们的大朋友，而且还亲笔签名，我觉得特别亲切。我特别喜欢作文，我想编一本自己的作文集，从前言、文字编辑、美术设计及每篇文章都由我自己来做，我想一定特满意，因为那全是自己的劳动成果呀！"学生们感受到了自主作业的快乐。这种创新型的作业受到学生、家长的一致好评，大家都觉得这种作业给学生创造了更广阔的施展才华的天地。

附："暑假作业大变脸"——致同学们的一封信原文

暑假作业大变脸

——致同学们的一封信

亲爱的同学们：

当你们拿到这封信时，快乐暑假也即将开始了。哈哈，又可以轻松一下了！长长的假期里，你们想干点什么呢？作为你们的好朋友，我衷心地希望你们能过一个愉快而有意义的假期。我更希望我们能够手牵着手，心连着心，共同走过迷人的夏季，共同享受五彩缤纷的假期。因此，我悄悄地设计了一个小小方案，叫"暑假作业大变脸"，怎么变脸呢？听我慢慢告诉你们。这次暑假作业，与以往的有所不同，同学们可以从下面列出来的"十个一"中选择自己喜欢的两至三项去做。开学后，你们的作业会在全校展示、汇报。好了，快来读一读、选一选吧！

1.【录一个小故事】喜爱讲故事的同学可以读一些故事书，把生动的故事用中文或英文录在磁带里，制作一个属于自己的故事集。开学后将在学校广播里有选择地播放。

2.【拍一个小短片】将自己旅游或参加活动的过程用摄像机拍摄下来，制作成 DV，自己可以做小主持人，用英文或中文介绍所旅游的景点和旅游过程中的独特感受。开学后将在学校电视台里有选择地播放。

3.【学一招小绝活】以心灵体验的方式学一招"假日绝活"，选择自己一直想学可又未掌握的本领，例如游泳、轮滑、水果拼盘，最后用图片配文的形式进行展示。

4.【制作一张小报】选择自己感兴趣的语文、数学、英语等知识进行研究，并把自己发现的、学到的知识做成小报，要求用A4纸打印或手写，图文并茂。

5.【来一个小发明】假期里就生活中发现的一些卫生、环保、科技等问题做出创造发明。

6.【说一回心里话】将自己想说的心里话用自己喜欢的方式（作文、书信、图画等）告诉你的老师、同学或父母。

7.【写一篇读后感】从学校所推荐的书目中选择一本自己最感兴趣的认真阅读，并把自己的感受和体会写下来。

8.【编一本作文集】继续完善、编辑自己的作文集，力争图文并茂，内容丰富。

9.【做一份兴趣作业】可以从"摘抄名言警句、练习书法、背诵古诗词、记录电视新闻、观察动植物、练习乐器、参加健身运动"等项目中选择一项完成。

10.【寻找一个身边的道德细则】观察生活和社会，寻找一个身边的道德细则，可以通过图片、短文等形式把你的观察、感受表现出来。

同学们，看完后，你想选择哪一项作业呢？我想：你的选择一定是你最喜欢去做的，喜欢做的事一定会做得好。你努力，你能行！在这个假期，你们可能会有很多美好的选择，有很多缤纷的计划可去实施，但最重要的是快乐！希望当暑假最后一抹灿烂消逝时，你们会满怀豪情地大声说：我们的假期很快乐！

你们的大朋友：（老师签名）

2004.7.9

二、展示作业成果，体验创新乐趣

开学后，学生上交了各种各样的作业。内容之丰富，形式之多样，超出了我们的想象。从以下的统计图可见一斑。

暑假作业完成情况统计图

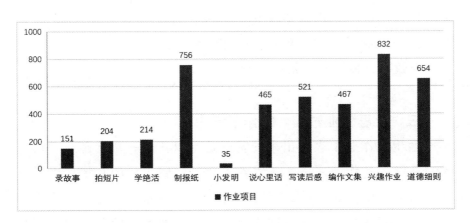

全校 900 多名学生，人均完成了全部作业中的四至五项作业，并且作业的质量极高，优秀作业达到了 80% 以上，有的同学甚至完成了其中的八项作业。从这些鲜活的数字当中，我们可以感受到学生对这项假期作业的热情。上交的作业中有学生自己录制的各种各样的音频，有学生假期旅游所拍摄的小短片以及他们精彩的配音，还有学生精心绘制的小手抄报，等等。

9 月 10 日，我校召开了关于这次暑假作业的现场会。中国教育报社、北京青年报社、北京电视台等多家媒体对我们的作业创新活动进行了报道。这次现场会共有 20 块展板，展出学生的优秀作业 300 余份；还利用学校"红领巾广播电台""红领巾电视台"播出了学生作业中优秀的小故事和小短片，并且给学生搭设舞台，让他们现场演示自己的小绝活和小发明。那一幅幅精美的图画，那一篇篇精彩的文章，那一本本内容丰富的作文集，那一个个生活中的道德细则，那一招招小绝活，那一句句感人至深的心里话，那一段段精心制作的小短片等，都让人深受启发。所有作业无不让人感慨万千：当我们的老师真正把学习的自主权还给学生的时候，学生可以迸发出无穷的力量、无尽的才智。当我们老师真正突破以往的框架，根据学校的特点和学生的发展状况，构建各种各样新的作业形式时，势必会增加学生做作业的兴趣，提高学生的作业效率，最终提高教育质量。

三、反思作业过程，探索创新内涵

学生在作业中表现出来的智慧是足以让每一位老师欢呼的。我们从学生的作业之中，感受到了孩子热爱生活的真情，也感受到了孩子美好的内心世界，读懂了他们对周围世界的看法。今天，我们用新课程的理念来审视这次"暑假作业大变脸"活动，感受更为深刻。

（一）师生关系的转变是作业创新的前提

师生关系作为学校环境中最重要的人际关系贯穿整个教育教学过程，这一关系处理的好坏直接关系到教育教学的效果、学校培养目标的实现，关系到学生的心理健康和全面发展。如果师生关系处于一种平等、信任、理解的状态，那么它所营造的和谐、愉悦的教育氛围必然会产生良好的教育效果。优化师生关系可以为学生健全人格的形成与综合素质的提高打下基础。

新型师生关系应该是教师和学生在人格上是平等的、在交互活动中是民主的、在相处的氛围上是和谐的。它的核心是师生心理相容，心灵互相接纳，形成师生至爱的、真挚的情感关系。它的宗旨是本着学生自主性精神，使他们的人格得到充分发展。它应该体现在：一方面，学生在与教师相互尊重、合作、信任中全面发展自己，获得成就感与生命价值的体验，获得人际关系的积极实践，逐步完成自由个性和健康人格的确立；另一方面，教师通过教育教学活动，让每个学生都能感受到自主的尊严，感受到心灵成长的愉悦。

传统假期作业往往是教师布置作业，学生乖乖服从，被动地完成作业。这种作业形式已经不适应当前课改的需要，要培养有创新精神的现代人才，不应该只满足于让学生会做几道题，会写几个字，而应该让他们借助作业的完成来发展语言、思维、情感等各方面的能力。这次作业以书信的形式发给学生，缩短了师生之间的距离，使师生之间有一种更亲密的感觉，并为学生创设了一种宽松的学习环境，激发了学生的思维，确立了学生的主体地位，使学生成为学习任务的接受者，发现问题的探索者，知识信息的反馈者，学习目标的实现者和成功者，他们理应是假期的主人。

（二）激发兴趣是作业创新的源泉

古人云："启其蒙而引其趣。"兴趣是所有学科教学的生命力。学生一旦对学习产生了兴趣，就会产生自发汲取知识养料的要求，繁重的学习对他们来说，就不再是负担，而是一种享受，他们就会在知识的王国中自动地觅取珍宝，乐此不疲，甚至达到最高的境地，即所谓"书痴者文必工，艺痴者技必良"也。心理学家认为，学生在兴趣盎然的状态下学习，会观察力敏锐、记忆力增强、想象力丰富，会兴致勃勃、心情愉快地去学习，表现出个性的积极性和创造性。学生对学习活动本身的兴趣，对于学生学习及成绩起巨大的作用。孔子说，"知之者不如好之者，好之者不如乐之者"，就是这个道理。

这次作业，我们从学生的实际出发，把过去抄抄写写的作业变得更加丰富多样，例如：以前教师总是在假期让学生写几篇作文，学生则是东抄西抄，应付差事，写作水平不但没有提高，反而使学生更加厌倦习作，失去了写作的兴趣。这次我们一改以前的做法，而是让学生编一本图文并茂、内容丰富的作文集，把自己的作文编成一本书，配上精美的图片。学生就很重视这项作业，它激发了他们的写作兴趣，就等于找到了推动学生学习的内在动力，打开了学生创造性思维的大门。学生的作文自然内容丰富、生动有意义。由此可以看出，学生学习兴趣是学习动力最重要的源泉。只要教师在教学中不断地激发学生兴趣、提高学生兴趣、保持学生兴趣，学生就能轻松愉快自觉地学习，提高自身的能力及素质，适应新世纪的发展。

（三）综合实践是作业创新的途径

学生创新精神和实践能力的培养不是靠某一门课就能做到的，它是学校所有学科、全部教育工作综合的结果。学生创新精神的培养要贯穿在所有学科的教学活动过程中，要贯穿在整个素质教育过程中，当然也要贯穿在学生的假期生活中。这次我们设计的所有作业都有利于学生综合实践能力的锻炼，为培养学生的创新精神提供了可能。

1. 利用信息技术完成作业

当今社会，信息技术发展迅速，在发达国家电脑已普及化，发展非常迅猛。有人说，"未来的文盲，是不会运用现代信息技术的人"。确实，这是个非常现实的问题。为此我们布置了录一个小故事，拍一个小短片，编一本作文集等几项作业。在完成作业的同时，学生学会了使用录音机、摄像机、计算机等现代化设备，尤其是计算机；学生在完成作文集编辑的过程中，既掌握了汉字的输入方法，又学习了文档的排版、修饰知识以及如何上网查找资料等。

2. 利用音乐绘画完成作业

美育可以促使人的大脑左右两半球的均衡发展，对人的全面发展有着很重要的作用。要注重培养学生的审美能力和审美意识。美育具有迁移作用，会迁移到智育、德育、体育各方面，对于培养学生的创新精神很有好处。例如：制作一张小报，编一本作文集，寻找一个身边的道德细则等作业，都要用到绘画的能力。练习乐器则要用到学生的音乐知识。这种综合性的作业在培养学生实践能力的同时，也培养了学生的审美能力。

3. 利用生活技能完成作业

假期是学生自由支配时间最多的时期，同时也是学生生活空间最大的时期，充分利用假期灵活的时间和广阔的空间，指导学生收集、判断和处理信息，培养他们的创新精神和实践能力，使他们更多地亲近自然、接触社会。例如"学一招小绝活"，让学生充分地体验生活的乐趣。他们在假期中学习做饭，学习炒菜，做水果拼盘等，充分地体验到了作业的快乐。

4. 利用创造发明完成作业

假期生活与学校生活有很大的差异，学生更富有广泛的兴趣和灵活的思维。针对这个特点，我们选择一些研究性学习的课题和小实验作为暑假作业。例如"来一个小发明"就是这种作业。虽然只有35人完成此项作业，学生的小发明还显得很稚嫩，但是毕竟向科学之路迈出了可喜的一步。

5. 利用体育运动完成作业

孩子天性好动。暑假生活很长，一个学期紧张的学习，使得学生身心疲惫，迫切需要调整一下心态，放松一下身心。文武之道，一张一弛。经过一个假期的休息和调整，学生都会面貌一新、精神大振，其后的繁重学习任务就不会把他们压垮。所以，在这段时间里，我们鼓励学生参加各种健身运动，积极投入到锻炼之中。学生的课本知识虽然学得少了，但是他们的身体素质得到了增强，非常有利于学生的身体健康和开学以后的各种学习。正所谓"磨刀不误砍柴工"。

6. 利用说心里话完成作业

假期是学生与家长、邻里相处最长的时间，应该让他们认识父母生活现状，体味父母的内心世界，增强他们对父母长辈和家庭的责任感，培养他们与人合作和学会共同生活的思想感情。我们在假期安排"说一回心里话"这一作业，学生可以和自己的老师、同学、邻居、父母等说说心里话，互相交流一下。这项作业引起了学生的兴趣，得到了家长的赞许，大家在沟通中相互理解，学生的社会交际能力也得到了提高。

7. 利用道德细则完成作业

一个人在知识储备上的缺陷，不至于影响他的一生，而在做人方面的缺陷，则会影响他一辈子。随着时代的发展，对个人人品的要求也在不断提高，学校教育应增加新的内容，让学生进入社会以后，能很快适应这个社会。为了克服假期作业重智育轻德育的倾向，我们布置了"寻找一个身边的道德细则"这项作业。学生利用画道德漫画、读道德故事、写道德心事、曝光生活中的不道德行为等方式来感悟生活中的道德细则，受到深刻的教育。

总之，通过这次寒假作业的创新与实践，我们深深感到，新的课程标准给我们指明了努力的方向，我们教师只有转变观念，着眼于学生的发展，在实践中不断探索，勇于创新，新课程改革才能结出丰硕的成果。

（本文登载于《小学语文课改实践与探索》一书）

用终生寻找"最好"的教育

寻找是一个过程，是一种状态，更是虔诚的教育人孜孜以求的身影！

"最好"的教育是一种"应然"的理想，是一种可能的教育生活，更是一种幸福的获得。最好的教育到底蕴藏着怎样的内涵呢？最好的学校，最好的教学，最好的课程，最好的师生关系……这一切都会呈现怎样令人神往的境界呢？

我心目中的最好的学校应该是师生精神发育、生命成长的乐园。在这样的学校中，师生是生命成长的共同体。教师默默地守望、静静地陪伴，学生自由地生长、自在地发展。师生既是平等的，又是相互成就的。在这样的学校中，师生内心充盈着对知识的渴望、对理想的追求、对生命的敬畏。

我心目中的最好的课堂应该是安全自由、动静有序的人间天堂。在这样的课堂中，学生的思想是自由的，学生的心理是安全的。不会有学生去琢磨应该怎样讲话老师才会喜欢，也不会有学生胆怯讲不好会受到同伴的嘲笑。大家只关注彼此内心的真实想法，真诚的表达都会得到尊重。在这样的课堂中，学生的思维是活跃的，行为是有序的。静而不死，动而不乱！

我心目中最好的课程应该是能够满足每一名学生发展需求的、独特而有生命力的课程。这样的课程更加重视对学生个体成长的满足，是基于共性基础上的个性化呈现。校园中的每一名学生都是独一无二、无与伦比的，我们为什么不能为他们量身打造适合他们生长和发育的个性化课程呢？师生都应该成为课程的构建者和设计者，也应该成为课程的受益者和发展者。

我心目中最好的师生关系是彼此能影响与唤醒。德国教育家卡尔·雅斯贝尔斯曾说："教育的本质意味着一棵树摇动另一棵树，一朵云推动另一朵云，一个灵魂唤醒另一个灵魂。"我想"摇动""推动""唤醒"应该是一种非常美好的境界，不急不躁，不离不弃，若云水相生，和谐共处。学生可以感受到老师的关爱，老师可以聆听到学生内心的声音，师生心意相通，彼此"映照"。

生命是美丽的，教育是神圣的。当教育能引导学生去发现、欣赏到生命的丰盈与灵动时，才是最好的教育。教育虽然具有永恒性，但教育在时间中流淌，更具变动性和生成性。因此，寻找"最好"的教育应该成为每一名教育者的一种精神追求，是教育者希望拥有的"诗意的人生"，更是教育者精神上的享受。

（本文登载于 2019 年第 5 期《新课程教学》）

请呵护孩子的想象力!

爱因斯坦曾说:"想象力比知识更重要,因为知识是有限的,而想象力概括着世界上的一切,推动着进步,并且是知识进化的源泉。严格地说,想象力是科学研究中的实在因素。"

女儿两岁多,有次洗澡的时候,她把一个小盆放在大澡盆里,然后奶声奶气地说:"小盆游泳呢!"我听后,不禁感慨孩子想象力的丰富。在大人的眼里,可能只是一只小盆漂在大盆里;在孩子的眼里,却是小盆在大盆里游泳。孩子的想象力是丰富的,孩子眼中的世界是可爱活泼的!

课堂上,老师问学生:冰雪融化之后变成了什么?学生的答案各种各样,有的说变成了水,有的说变成了溪流,有的说变成了蒸汽。老师都笑着默许,但当听到一个学生说"冰雪融化变成了春天"时,却皱起了眉头,说:"这与客观实际不相符啊,你再想想!"孩子诗化的语言充满了想象力,多么难能可贵呀,教师却因为自己头脑中标准化的答案忽略了学生创意性的见解,实在可惜。

曾经有这样一个试验:在黑板上画一个圆圈,问被测试的人这是什么,结果,越是年龄小的人想象出来的答案越丰富,年龄越大,答案越简单。在孩子眼中,这个圆圈可以是"句号""扣子""烧饼""乒乓球""露珠""眼睛""猫眼"等;在成人的眼中,那只是一个阿拉伯数字"0"或英文字母"O"。可见,孩子的想象力需要我们呵护。

再回归课堂。我们的很多教师仍然习惯用标准、刻板的理解取代学生独特的阅读感受，让学生个性化、创造性的理解受到"不公正的待遇"。这有些遗憾，却可以改变。首先要做的，就是呵护、开发孩子的想象力，不要用自己的思考代替孩子的思考，不要用自己的理解代替孩子的理解，更不要去扑灭孩子想象的火花。陶行知先生在《创造的儿童教育》一文中写道："我们发现了儿童有创造力，认识了儿童有创造力，就须进一步把儿童的创造力解放出来。"他提出，要"解放儿童的头脑，使他们能想；解放儿童的双手，使他们能干；解放儿童的眼睛，使他们能看；解放儿童的嘴，使他们能谈；解放儿童的时间，使他们多学一点感兴趣的东西，多干一点高兴干的事；解放儿童的空间，让他们到大自然、到社会上去开阔视野"。

让我们一起用心来守望，用情来浇灌，用爱来呵护，相信那幼苗一定会茁壮成长！

（本文登载于 2019 年第 8 期《教育研究与评论》）

培养青年教师须重"道"轻"器"

　　青年教师是学校发展的生力军，学校的公开课、研究课上经常可以看到青年教师的身影。但是，对于青年教师来讲，承担讲课任务时会感觉难度很大。作为一名语文教学管理干部，帮助青年教师备课是一种工作常态。在备课的过程中，我发现青年教师总希望协助备课的老师能够把教学设计甚至课堂语言尽可能详尽地告诉自己，然后记录下来再去课堂实施。回想自己刚开始讲公开课时也是如此，唯恐某句话没有记录清楚。这就像孩子学走路一样，给予的扶持越多，虽然暂时看来他摔跤的机会越少，但长远看来，他花在学走路上的时间也就越长。

　　《易经》中有一句话："形而上者谓之道，形而下者谓之器。"我觉得对青年教师的指导不能重"器"，而应重"道"，在"器"的层面操作永远解决不了"道"的问题。青年教师的成长也容易陷入困境——脱离了别人的指导便不会上课。为此，我在帮助青年教师成长时，更多地是从"道"的方面给予指导。

一、成为一名爱学生的老师

　　"爱"是教育永恒的主题，"没有爱就没有教育！"的确如此！作为一名青年老师，首先要做的就是努力让自己成为一名爱学生的老师。有了爱的滋润，课堂上师生的交流与对话就会自然而然，毫无矫揉造作之感；有了爱的滋润，课堂上学生就会对老师充满信赖，毫无畏惧之感；有了爱的滋润，师生就会共同徜徉在语言文字的海洋中，彼此心灵相通！

所以，我经常对青年教师讲："学会爱你的学生吧！你的爱不会没有回报！假以时日，你会听到学生心底的声音；你会感受到学生因你的爱而爱上了你，爱上了你所教的语文，爱上了你的课堂乃至更多！"

二、成为一名爱阅读的老师

阅读的重要性毋庸置疑。我经常想问："作为语文教师的我们，真的经常阅读吗？真的经常在阅读中获得启迪与成长吗？"对于这些问题，我不敢确认！

但我依旧要求并鼓励求教于我的青年教师把"阅读"作为成长的第一要义。此处所讲的"阅读"包括四方面内容，即读书，读课，读人，读己。"读书"是教师专业发展的基础，既读专业书，也读专业之外的书，让读书成为自己的一种生活常态，可以不断积蓄成长的力量。只有不断地沉浸在阅读中，才能有底气站在三尺讲台上；对于教师而言，"读课"是开阔眼界的途径，广泛地观摩、学习名师的课堂，开阔自己的眼界，不断发现语文教育的制高点，才能登高望远；"读人"的过程是向专家、向身边的同事学习的过程，与优秀者对话，可以不断激发内驱力；"读己"则是自我反思的过程，反思意识和反思能力是教师专业发展的重要标志，在不断反思与改进中，会一步步走向成功！

三、成为一名爱研究的老师

苏霍姆林斯基说过："如果你想让教师的劳动能够给教师带来乐趣，使天天上课不至于变成一种单调乏味的义务，那你就应当引导每一位教师走上从事研究的幸福道路上来。"的确如此，当年轻教师真正把日复一日的工作作为研究的对象时，他就会从中发现成功的乐趣！

我校孟老师基于学生课外阅读的实际问题，独立申报区级课题《以整本书赏读为载体促进学生的结构化表达》，两年多的时间，有计划地和学生一起共读课外读物 43 本，师生在研究的过程中获得了共同成长。还有的青年教师研究绘本教学、习作教学等，学校也尽最大努力为教师的研究提供保障。这些研究基于学生实际，立足课堂教学改进，简便易行，又有显著的成效，为青年教师成长树立了榜样。研究学生、研究课堂、研究教材、研究教育现场的点点滴滴，会让青年教师的成长如虎添翼，突飞猛进！

四、成为一名爱写作的老师

叶澜教授说："一个教师写一辈子教案难以成为名师，但如果写三年反思则有可能成为名师。"我经常鼓励青年教师随手写一写，记一记。写的形式可以灵活，写的内容可以随意；有感而发，不拘形式，不拘字数，记下来就好！我很难理解一名语文老师懒得动笔是一种怎样的体验。语文老师嘛，写个字、写篇文要是都成为难事，那就是某方面出了问题！

写作毕竟是一件苦差事，可以由小及大，由短到长，不要着急，写起来就会发现，写了 50 个字，还想写 100 个字，还想写 500 个字，乃至更多！经常写一写，会给自己的教育生活留下一些印记。日积月累，这些印记何尝不是一笔宝贵的财富呢？

总之，说"道"也非"道"，扬"道"不弃"器"，乃是正"道"！

（本文登载于 2019 年 3 月 26 日《现代教育报》）

由盆栽榕树想到的……

　　周末，我乘兴来到一家花卉市场。看着各色花木，顿觉生活多姿多彩。在这香气馥郁的市场中徜徉，真是一种享受。

　　我看看这棵，瞧瞧那盆，赞叹不已！忽然，我的目光被一盆小巧精致的盆景吸引住了。盆中的植物叶子碧绿，枝干遒劲有力，盘根错节，约有尺许高，十分耐看！我不禁向花店老板打听它的名字。"榕树。"老板热情地答道。"榕树？"我吃了一惊，脑海中立刻浮现出巴金先生在《鸟的天堂》中对榕树的描写："枝干的数目不可计数。枝上又生根，有许多根直垂到地上，伸进泥土里。一部分树枝垂到水面，从远处看，就像一株大树卧在水面上。"想到这儿，我不由得又追问了一句："是南方那种高大的榕树吗？""没错。"老板耐心地解释，"这是盆栽榕树。""为什么会这么小呢？"我不解地问。老板笑了："您想呀，就这么一个小盆，它想长大也不可能呀！"

　　我恍然大悟。就这么一个小盆，就这么一个狭小的生存空间，它就是有心长成参天大树，环境也不允许呀！我忽然有些失落，与其说是为那棵可怜的榕树，不如说是为我们那些天真烂漫的孩子！

　　我们今天的家庭、学校、社会，到底给了孩子多少生存和发展的空间呢？家庭中，孩子是小皇帝，就连洗个手绢、洗双袜子的机会也被家长剥夺了；学校里，孩子是上帝，为了避免孩子出安全事故，许多学校的体育课变成了散步课、练广播操课，因为这样最安全。更有甚者，凡是有安全隐患的体育器械全被拆除，操场光秃秃、圆溜溜，仿佛一只大眼睛，在冷冷地嘲笑着什么；课堂上，连孩子发表意见的机会也变成了老师滔滔不绝的讲解；周六、周日，大街小巷中，经常可以看到满脸疲惫的父母带着孩子穿梭于各个课外学习辅导班……孩子们生存、发展过程中各种有形的、无形的空间被有意地、无意地挤占、压缩了。最后，我们的孩子只能生存在那个狭小的"盆"中，成为一株几乎失去了本来面目的"盆栽榕树"。

我最终决定买一棵"盆栽榕树"回家，我想把它置于案头，让它时刻警醒我，给孩子一些空间——运动的空间，交流的空间，玩耍的空间，甚至失败的空间……让孩子自由地去成长，直到长成一棵真正的"美丽的南国的树"——榕树！

张老师学车记

张老师，年近 40，鼻梁上架着一副眼镜，显得文质彬彬。他个子中等，体形微胖。由于个子不高，就给人一种很胖的感觉了。眼看着同事们都开上了汽车，张老师也按捺不住想学车了。于是，趁着暑假，张老师到驾校报了名。

顺利通过交规考试之后，张老师开始了真正的学车之旅。

"我姓李，以后我负责教你学车。"说话的是一位看不出实际年龄的女性教练，约莫有 50 岁吧。她的声音不高，但充满威严；眼睛不大，但感觉很聚光。虽然烈日当空，但张老师还是微微感到背后一凉。

"打左灯，看左镜，踩离合，挂一挡……听清楚了吗？开始操作！"李教练语速很快，但讲得很清楚。张老师记性很好，都记在心里了！

可是，光记住是不行的。汽车刚启动，张老师还没来得及在心里默诵一遍口诀，车就熄火了。"再来！"随着李教练低沉而又有力的声音，张老师再次启动了汽车。好不容易，汽车终于动了起来，不过怎么这么慢呢。还没等张老师反应过来，就听李教练喊："松手刹！"随着李教练的一声断喝，张老师一个激灵，又熄火了！

"下车！"教练又一声喝，"看我做一遍！"

张老师看着教练娴熟的操作，心中充满了羡慕。随后，在李教练的注视下，张老师又上了车。这回车终于上路了！张老师心中一阵兴奋，这家伙！居然跑起来了，张老师感觉自己俨然是个司机了！正襟危坐，目视前方。

"哎！你有没有觉得咱们驾校的路是弯的呀？"李教练出其不意地问道。

"好像是有点儿弯。"张老师小心翼翼地回答。

"好啊！那我给驾校建议一下，给你单修一条马路吧。"教练揶揄道，"怎么这方向盘一到你手里就跑偏啊，你这是开车还是画龙啊？"

张老师这才听出李教练话中的讽刺。"说实话，我最烦教你们这帮戴眼镜的了。你看看，别的师傅带的徒弟，一学就会。我今天怎么这么倒霉，赶上你！……"

车里没有空调，闷热！车外，艳阳高照，树叶都不带动的，没有一丝风！耳边，依然传来教练的训斥声："明明刚说完的方法，你怎么一上车就忘了！让你挂挡你熄火，让你左转你打右灯，看着挺有文化的，怎么就听不懂话啊！……"

张老师浑身上下都已经被汗水浸透了，他突然感觉一阵眩晕。他仿佛只看见一张嘴在自己眼前一开一合。恍惚中，他觉得李教练说的这些话怎么这么耳熟呢？仿佛就是他昨天在课堂上说给那几个"学困生"的。没错！昨天他就是这么对学生说的！

唉！没想到当个"学困生"这么难呀！张老师苦笑着……

"愣着干什么？加油啊！"李教练一声怒吼。

张老师又一激灵，马上下意识地握拳、用力、举臂，做了个"加油"的姿势。"傻啊，你！让你加油，你举胳膊干吗！踩油门啊！今天倒霉死了！……"

学车，还得继续……

课堂，该变变了……

"八匹马"的故事

我小的时候，很爱唱歌，经常把一些儿歌、童谣反复挂在嘴边，玩时唱，乐时唱，不高兴时也唱，活像一只无忧无虑的欢快的小鸟。

上学了，我依然喜欢唱歌。上学唱，放学唱，做作业时也唱。现在回想起来，当时的唱可能只是高兴的一种表现，至于是否有情有调，则从未考虑过。

突然有一天，学校要挑选合唱队员了，我毫不犹豫地第一个报了名。太高兴了，我马上就要成为一名令人羡慕的合唱队队员了！喜悦不断地从我的心底涌出。我报名后焦急而耐心地等待着老师的测试。这一激动人心的时刻终于到了，测试我们的是一位40多岁、清瘦高大的男老师，他戴着金边眼镜，头发花白，梳着背头，宽宽的脑门泛着一丝冷气。真有艺术家的气质！敬畏之余，我简直有一点崇拜了！

好不容易轮到我唱了。我走上台，高歌了一曲《莫愁啊莫愁》，自我感觉声音洪亮，余音绕梁。谁知老师听了以后，看着我说道："跑调了！"旁边的学生顿时哄堂大笑。笑声过后，老师用手潇洒地把头发向后捋了一下，又冲着我说："你的调跑得八匹马也拉不回来！"又是一阵哄堂大笑，我羞愧得无地自容，恨不得马上找个地缝钻进去。但那是不可能的事情，我不知道自己是怎样走出教室的，只觉得周围到处都是笑声，头有些眩晕。

合唱队自然是落选了，并且因此而得了个外号——"八匹马"，最要命的是从此落下了后遗症：再也不敢唱歌了，再也不愿意唱歌了。因为我只要一想到唱歌这件事，便会觉得周围都是笑声、嘲笑声！眨眼之间，工作已经许多年了，也遇到过许多需要唱歌的场合，但我从来没有勇气再唱过歌，只是在没有别人的时候自己哼哼。说实话，我想唱，可我的确不敢唱！

　　如今的我，也是一名人民教师。我理解当年我们老师的心情和做法，丝毫没有埋怨他的意思。只不过，我时刻提醒自己：面对孩子的时候，一定要多一些宽容和鼓励，哪怕是对待一个不着调的孩子！

管理之思

无人提问背后的冷思考

本周，我们迎来了"有岩有面"京剧谭派艺术校园行活动，到会的有谭孝曾、谭正岩等京剧名家。票友的比赛，名家的表演，精彩纷呈，热烈的掌声此起彼伏。然而，有一幕却让我深思。

在谭孝曾父子讲座的过程中穿插着提问环节，谭孝曾先生几次问道："同学们还有什么不懂的问题吗？"……几次问话竟没有一人回应，出现了一种很尴尬的场面。京剧名家期待着同学们的提问，同学们却不知从何问起，抑或不敢提问。

说实话，这种场面是令人难堪的，尤其是身处其中的我，感到汗颜无地。我们的学生怎么啦？这难道不值得深思吗？记得法国哲学家笛卡儿曾经讲过："我思故我在。"杨澜女士出版过一本书，叫作《我问故我在》，可见思考与提问的重要性。作为新时代的小学生在这种场合竟然集体"失声"，这不能不说是教育者的悲哀！分析原因，盖两点而已：不会问与不敢问。不管是哪种原因，都可以从我们日常的教育中找到原因。我们应该反思：我们的课堂让学生问了吗？给学生问的机会了吗？教给学生问的方法了吗？

日常的课堂，依然在演绎着教师一统天下的局面，学生只是被动地接受。老师怕学生问"偏"了，怕学生问"碎"了……如此种种原因，造成的局面是师讲生听，天经地义。这一切，与现代教育理念是背道而驰的，甚至放到古代，也是过时的，因为孔老夫子也是倡导"不耻下问"的。呜呼！问，何其难也！历经悠悠两千余载，依然步履蹒跚。

"雄关漫道真如铁，而今迈步从头越。"从我做起，从现在做起，刻不容缓！我们应该大力倡导质疑，倡导提问，小疑则小进，大疑则大进！在课堂上，应该鼓励老师们给学生问的机会与空间，应该教给学生问的方法，问是需要培养与呵护的！

期待有一天，我们的课堂能够呈现学生真实的问题，能够呈现学生真实的生命状态！我不是理想主义者，但我追逐理想，我希望学生在一个个问题的解决中进步、成长！

（本文写于 2012 年 3 月 26 日）

不妨改"查"为"赏"

今天，我按照计划检查六年级学生语文作业。六年级共 8 个班，需要检查每个班的练习册，综合本，大、小作文本等 4 种作业。我在每种作业中抽取 10 本检查，这样每个班要查 40 本作业，8 个班要查 320 本作业，还要填写检查记录、盖章等。总之，一天下来，感觉头昏眼花。

当我拿着检查记录翻阅的时候，我不禁想：这种传统的作业检查方法实际效果到底怎样呢？我紧接着要做的工作就是将检查工作进行反馈，这样做的优点是什么？不足是什么？这样的反馈到底有多大的指导作用？我不敢妄言，但从作业检查中反复出现的一些问题（上次检查指出的问题，这次检查又出现了）来看，作用是有限的。

这种常态作业检查的弊端是信息始终是一对一的，即我一个人看每一个班。即使进行全校反馈，个别谈话，也不能从深层触动老师。当然，作业的主人是学生，怎样调动学生积极性，让学生也能感受到作业的重要性，从而自觉自愿写好作业呢？

我想在下次检查作业时尝试变换一种方式，改"查"为"赏"。可以组织年级或者全校的语文老师互相翻阅作业、赏评作业。在赏评的过程中，大家共同探讨这样的问题：中关村一小各年级到底应该有怎样的作业标准与要求？他人作业中有哪些值得我学习的地方？在赏评、交流的过程中，我想多数老师一定会有"见贤思齐焉，见不贤而内自省也"之感吧！也可以把同样的方法运用到学生中，鼓励各位老师组织学生赏评作业。

当我们面对常态工作的时候，多一些对现有做法的质疑，多一些对现有做法的创新，是不是会收到更好的效果呢？答案应该是肯定的！

（本文写于 2012 年 4 月 18 日）

从点滴中感受美国教育

本周，中关村一小党校校区接待了美国内布拉斯加州立大学的教师和学生的来访。他们到校后首先听了米丽霞老师的一节一年级音乐课——"打花巴掌"。

课堂上，孩子们精彩的表现赢得了美国教师的阵阵掌声。课后，美国教师与我校教师代表进行了交流。在交流过程中，双方呈现出来的一些观点让我感受到了中美教育者一些教育观点的差异。

美国教师首先肯定了米丽霞老师在讲课过程中表现出来的热情及对每一位学生的关注。另外，在交流的过程中，美国教师还谈到以下观点：美国教育注重让孩子尝试失败；美国教育倡导不让一个孩子掉队；美国教育重视孩子的心智发展，教育学生要理解别人的感受，有点类似于我们常说的"推己及人""己所不欲勿施于人"观念；同时，他们还谈到，要给孩子们创设一个安全的环境，主要是一种心理上的安全，在这样的安全环境中，孩子们的天性才能充分发展；另外，从交流中得知，美国的孩子也上课外班，但他们上的更多的是运动方面的，而非知识性学习。

虽然交流的时间比较短，但是带给我们的启示还是多方面的。尤其是给孩子创设安全环境的问题。我们平时更多地强调外在的安全，而非心理方面的安全。因此，导致孩子不敢敞开自己的心扉，或者在课堂上呈现出一种迎合老师的状态，而非出自内心的真正想法。凡此种种，不一而足。但主要的原因还是孩子感觉不到安全，因此，宁愿封闭自己的内心，也不愿意袒露心声。

"暮春者，春服既成，冠者五六人，童子六七人，浴乎沂，风乎舞雩，咏而归"，这应该是一种安全的教育状态吧。两千年之后的教育似乎缺少了一些什么，让我们的教育多一些理性的回归吧！

（本文写于 2012 年 5 月 9 日）

翰墨飘香，立字立人

今天，我们在"学思厅"隆重召开"翰墨飘香，立字立人——中关村第一小学2012届毕业生刘一璆书法展示会暨特色班级创建汇报会"。海淀区教委小学教育科领导、书法家郭清源先生、画家杜清文女士以及中关村一小党校校区六年级学生、二年级学生代表共100余人参加了此次活动。

我校党校校区从去年开始倡导特色班级建设活动，开展此项活动的初衷是希望借此引领班级每名成员朝着共同的方向努力，促进学生健康、全面地发展，并进一步提升全体班主任的工作水平，逐步形成学校的办学特色。此项活动开展之后得到了班主任的积极响应。六年级三班郑老师有效利用学生刘一璆的书法特长开展特色班级创建工作，取得了很好的效果。

刘一璆同学是我校毕业生的优秀代表。她酷爱书法并取得了一定的成绩，得到了书法界专家、前辈的认可，是书法界一颗冉冉升起的新星。在她的影响下，班级内的同学掀起了练习书法的高潮，其班主任郑老师有效利用刘一璆的书法特长，在班级内开展了以书法为主要特色的各种教育活动。在活动中，每个学生都以"立字立人"为理念，在学习书法的过程中学习做人，逐渐形成了班风正、学风浓的书法特色班集体。

一枝独秀不是春，万紫千红春满园。刘一璆同学的书法特长像一粒种子，如今已经发芽、开花……她不仅影响了其所在班级的同学，而且影响到了其他班级。在教育部颁布《关于中小学开展书法教育的意见》的今天，相信我校党校校区会迎来书法教育的春天。同时，有了今天的特色班级创建汇报会，我校的特色班级创建工作一定会走得更加稳健，我们期待着出现"班班有特色，人人有特长"的局面！

以上是此项活动结束后我为学校网站写的简报，活动是成功的，书法教育前景是美好的，但是到底应该怎么做呢？我想谈谈自己的看法：

目前开展书法教育是大势所趋，教育部的倡导、新课标的具体要求，都把书法教育提到了前所未有的高度。其背后的深层原因是中国人越来越写不好中国字的悲哀。目前写字教育（先不提书法二字）现状堪忧，人所共知，因此才会有"大落"之后的"大起"（国家的重视）。作为学校层面，应该怎样推动书法教育，帮助学生养成良好的书写习惯呢？

第一，要从思想上重视。《义务教育语文课程标准》（2011年版）在第二学段提出：用毛笔临摹正楷字帖；在第三学段提出：能用毛笔字写楷书，在书写中体会汉字的优美。但目前能依此而行的语文老师恐怕凤毛麟角，记得我小学时还曾有过临帖的经历，老师还曾批阅，但是，这种现象似乎离我们越来越远了。老师不重视，学校无考核，课标的要求自然就成了一纸空文。这不是一所学校的问题，而是一个普遍问题。只有思想上重视了，才会有行动上的跟进。

第二，应该重视教师自身书写水平的提高。"学高为师"，教师尚且不会书写，怎么教育学生呢？一方面，应该有专业的书法老师介入学校书法教育；另一方面，应该大力培训目前已有师资，帮助有一定书写基础的老师进一步提高。可以通过定期讲座、辅导等培训形式帮助老师提升。

第三，还应该真正保证学生的写字练习时间。《义务教育语文课程标准》（2011年版）明确指出："第一、第二、第三学段，要在每天的语文课中安排10分钟，在教师的指导下随堂练习，做到天天练。要在日常书写中增强练字意识，讲究练字效果。"日常教学中，能达到这一要求的语文教师又有多少呢？记得我上师范时，学校每天有20分钟的练习书法时间，铃声一响，全校统一，雷打不动。没有时间的保证，何谈质量的提升？

第四，应该建立相应的评价机制。例如：写字课的研究，通过研究课提升老师指导书写的能力；书法作业、作品的评比、展示，可以从老师和学生两个层面进行，以此调动师生书写的积极性。本学期，我们举行了教师三笔字的展示，每次必定做到张贴每人的作品，老师们普遍很重视，同时，多了一些"见贤思齐，见不贤而内自省也"的意识。

总之，"书法是中华民族的文化瑰宝，是人类文明的宝贵财富，是基础教育的重要内容"。同时，"是传承中华民族优秀文化，培养爱国情怀的重要途径"。书法教育，任重道远！

（本文写于2012年5月30日）

展示成就"最好"

经过老师们前一段时间的准备，今天，我们收齐并展示了所有老师的毛笔书法作品，这是我校本学期进行的第三次教师基本功（前两次为粉笔字和钢笔字）展示活动。老师们的作品，有的隽秀沉稳，有的飘逸潇洒，有的苍劲有力……老师们围着作品观摩欣赏，品头论足，互相赞扬，现场洋溢着一种活力与热情。有不少老师的作品出乎我的意料，我没有想到我们的老师会写出这么好的书法作品。为什么没有想到呢？是因为以前缺少这样展示的平台和交流的机会。

随着工作时间的不断增长，日复一日的工作容易让老师感到倦怠。上学时、刚工作时的激情在不断地消退。很重要的一个原因是老师们在工作中迷失了自我，找不到自我，或者不愿意找到自我。而找到自我一个很重要的方法就是引起别人的关注，尤其是得到别人的欣赏，这种关注与欣赏会让人重新找回自我，重新产生激情。

我校的核心价值观是"做最好的我"，怎样引导老师们做最好的我？我感到这次活动对我的启示就是：要为老师们搭建不同层面的展示平台，因为从一定意义上来讲，每个人本身就是"最好的我"，只是这种"最好"没有机会被别人发现或赏识。而学校应该做的就是通过各种活动，搭建不同平台，让老师们把自己独特的、最好的一面展示出来，进而激发其向着其他方面的"最好"努力。例如：开展"个人绝活秀""教师讲坛"等活动，把更多的老师由幕后推向前台。当一个人的某方面被同伴欣赏时，他会产生一种心理上的满足感，甚至产生进一步做好工作的动力，最终达到"做最好的我"。

（本文写于 2012 年 6 月 6 日）

孩子，我该为你做点什么？

今天，我安排打印室的老师印制语文毕业试卷。在速印机开始印刷的一瞬间，我突然意识到：又到一年离别时。我当老师已经 22 个年头了，已送走一批又一批的毕业生。但每当毕业生离校时，我都会在心底深处涌出一股惜别之情。一个"别"字饱含着无限的情感，一个"别"字意味着一段光阴的逝去……

这几天，六年级的毕业生都在忙碌着，他们处于一种情感的躁动中，为即将到来的离别，也为捉摸不定的未来。他们兴奋中偶尔流露出伤感，抑或伤感中飘溢着兴奋。他们会拿着毕业留言册请老师、同学签字留念，个别有个性的孩子也会请同学、老师直接把名字签在校服上。他们仿佛一下子长大了，又仿佛突然变得什么都不懂——懵懂的年龄何必活得那么明白呢？突然感觉他们好幸福！

仔细一想，这些行为都是同学们自发的，没有老师的引导，没有学校的参与，一切活动都在或明或暗中悄悄进行。老师所忙碌的可能是毕业前的总复习以及各种与毕业相关的杂事，学校所忙碌的可能是试卷的印制和小升初的各种事务性工作。而我们所忽略的是毕业生在毕业前最需要什么，我们应该在毕业前为孩子们做点什么？

如果把毕业阶段作为一个特定阶段整体设计的话，则应该有一种课程的意识，并设置相应的毕业课程。如："青春前期心理辅导""走进中学"，甚至包括怎样撰写离别赠言等。如果可能的话，可以提前进行问卷调查，了解学生毕业前希望得到哪些方面的指导与帮助，然后有的放矢地进行。以后，还会有很多的学生从小学毕业，走进中学。我应该时刻用"孩子，我该为你做点什么呢？"来提醒自己！

（本文写于 2012 年 6 月 13 日）

爱孩子，疼孩子

今天组长会上，德育主任梁小红布置了一年级行为习惯验收的相关事宜。一年级的孩子经过一周时间的学习，已经逐步适应了学校的生活。本周的验收打算从上课、课间、上操、午休、午饭等不同的方面进行。

可是，吃午饭时刘校长的一席话却让我对一年级的行为习惯验收有了新的认识。校长问大家一年级行为习惯总结会的主题，我们在座的几位有的说，迈好人生第一步；有的说，好习惯益终生……校长笑而不答，却径直问我："海宏，你女儿正在上小学，你希望孩子与老师有一种怎样的师生关系？"我想了想，说："亦师亦友吧，老师像孩子的朋友一样。"校长接着问道："这种师生关系的基础是什么呢？""爱！是老师对孩子的爱。"我毫不犹豫地答道。"爱是一种比较泛化的说法，我在开学初的全体大会上曾经说过要爱孩子，还应该怎样？"校长接着问道。"疼孩子！"小红主任答道。"对呀，我们不能仅仅停留在爱孩子层面，还应该疼孩子呀！"校长语重心长地说道。

一个"疼"字饱含着多么深厚的教育情感呀！幸福学认为，爱来自于感情，没有感情就不会有爱。所以，爱的定义就是，爱是因感情而由衷地表达。比如爱心、关爱、爱护、热爱等。而"疼"则是打心眼里爱，是"爱"的一种具体行为与表现，比"爱"更为真切可触。虽是一字之差，但包含的对教育的理解却大不一样呀。

有了这样的认识，大家调整了一年级行为习惯验收表的内容，并且改"验收"为"观察"，以欣赏的目光去观察孩子的行为习惯，这不也是对孩子的一种"疼"吗？同时，总结会的主题定位在引导老师们讲述自己在一年级学生行为习惯培养过程中"爱孩子，疼孩子"的故事，这样，老师们的教育行为便有了基点，当所有的教育行为都能够与"爱孩子，疼孩子"联系起来时，一定会呈现出一种欣欣向荣的教育景象。

"爱孩子，疼孩子"难道不应该成为我们践行德育的准则与追求的目标吗？

（本文写于 2012 年 9 月 11 日）

帮助青年老师备课要重"道"轻"器"

本周四学校要接待一个校长学习参观团，有 100 余位校长来校参观。其中要听一节语文课，上周接到任务之后，我安排年轻老师丁艳青承担此次讲课任务，以此锻炼青年教师。丁艳青接到任务后积极备课，他讲的内容是"寓言二则"（《刻舟求剑》《郑人买履》）。寓言这种文体本身就难讲，加上这两则寓言都是文言文，难度就更大了。

但是丁艳青老师的状态很好，体现出了青年教师应有的激情。今天下午，他来找我备课，非常认真。在备课的过程中我发现一个明显的问题，这也是青年教师备课中的一种通病——他们希望协助备课的人能够把课堂的语言尽可能详尽地告诉他，然后记录下来再去课堂实施。回想自己刚开始讲公开课时也是如此，唯恐某句话没有记录清楚。

我觉得对青年老师的指导不能重"器"，而应重"道"，在"器"的层面操作永远解决不了"质"的问题。于是，我们改变了备课的方法，不再谈过细的课堂操作方法，而是共同围绕我校的"自主教学"探讨了以下几个问题：

1.我的课堂打算给孩子留多长自主学习时间？应该通过怎样的方式保证学生的自主学习时间？

2.课文仅仅是个例子，我打算在这节课上运用这篇课文教给学生哪些有助于今后学习的方法？通过什么样的方式让学生掌握这些方法？

　　经过这样的探讨，丁艳青老师进一步修改了自己的教学设计，在修改后的教学设计中加进了学习方案，利用学习方案引导学生学习第二则寓言，给予学生充分的自学自悟时间；同时，他在本节课的教学中注重在第一则寓言中教给学生学习寓言及文言文的一般方法，而在第二则寓言中引导学生运用所学的方法自主学习。

　　此堂语文课教学效果明显，受到了听课教师的一致好评。

　　"道"与"器"，一个值得思考的永恒命题！

（本文写于 2012 年 9 月 25 日）

疼孩子，从目光对视开始

由于周五要参加市级骨干教师培训，因此，我和梁主任换了一次值班。换完之后正好周二、周三连续两次值班。连在一起的两个班儿，让我有机会对早晨学生来校的表现有了更为深刻的感受。

在周二值班时，我习惯性地向每个进入校园的学生问好，学生也向我问好或敬队礼。但是在此过程中，我发现，很多学生在问好或敬队礼时并没有看着老师，只是习惯性地、漠然地在做这件事情。我意识到，这或许和我向学生问好的方式有关，我在这个过程中可能也没有让学生感到应有的真诚。于是，我改变了方式，在问好的过程中，我力求与学生的目光形成对视，让学生感受到我的真诚与笑意。慢慢地，我发现学生有了反应，他们在向老师问好的时候，也能够大方地迎着老师的目光。

等到周三早晨进校时，这种现象就更为明显，很多学生主动看着我，向我问好，还有的学生走到我面前立正站好，然后再问好。

同学们向老师问好时多了笑意，多了真诚，少了随意与漠然。

每天早晨，迎着晨风，迎着朝阳，在门口迎接同学们进入校门，是一件多么美好的事情呀！而更加美好的是当我们和学生形成目光对视时的那种幸福，映入你眼帘的可能是一张调皮的笑脸，与你形成对视的可能是还略带一丝羞涩的目光……这都不重要，重要的是在对视的那一瞬间，在相互微笑致意的那一瞬间，学生感受到了一天美好校园生活的开始，感受到了老师目光中充盈的爱意。

在目光对视中让学生感受到爱与幸福，这难道不是我们疼孩子的具体表现吗？

疼孩子，从目光对视开始！

（本文写于 2012 年 9 月 26 日）

关于学科元素的断想

今天早晨，校长召开了干部会议，在会上就当前学校工作中存在的一些问题谈了自己的一些想法，我深受启发。尤其是她谈到了"学科元素"一词，希望能够在学校看到各个学科的元素。

我想，"元素"一词最经常搭配的应该就是化学的元素周期表了。顾名思义，"学科元素"就是最能够体现本学科特点的一些最基本、最核心的要素，而这些要素也应该是对学生的成长最有帮助的一些要素。

那么，反观我们的校园，有哪些语文的学科元素呢？广义来讲，语文学科的元素无处不在，横梁上的标语、楼道的文化板、班级的板报等，凡是和文字有关的都可以称之为"学科元素"。但是，仔细想来，真正和语文密切相关的，真正能够促进学生语文学习能力增长的元素的确很少。

因此，我打算利用读书节的契机增加校园语文教育的元素。读书应该是一件惬意的事情，读书应该是心灵宁静的时刻，读书习惯的培养也应该是一个持续而缓慢的过程。

经过和语文学科骨干教师的商议，我们想，读书节可以引导学生"静静读书，自主成长"，让孩子"从今天起，做一个最爱读书的人"。

在读书节期间，鼓励学生读经典作品，写自己的作品，让学生在读读写写的活动中养成读读写写的良好习惯，逐步成为一名真正的读书人。而学生读书过程中所做的摘抄、所写的读书体会等都可以丰富校园的语文元素，用学生自己的作品丰富学校的语文元素，这样才更容易让学生们接受。

　　"学科元素"一词，应该经常思考，持续落实！

（本文写于 2012 年 10 月 15 日）

让教育的灵动瞬间成为学校历史

今天早上值班，我们全体干部来到学校大门口迎接学生进校。学生们陆陆续续走进校门，伴随着师生的相互问好开始了一天的学习生活。

就在大家忙碌之时，由校外进来两位家长，径直来到邓主任身边，与他交谈几句之后便进入校门。没多久，他们两个人便从校史馆抬出一艘一米多长的纸船。我一看，原来是前不久科技节时三年级七班学生制作的比赛用船，这艘船设计精美，制作精良，代表了这次三年级"纸船竞速"活动船只制作的最高水平，得到了全校师生的一致称赞。

为什么要搬走呢？就在我疑惑时，两位家长已经走出了校门。我看见校长和邓主任耳语了几句，邓主任便迅速走出了校门。没过多久，在邓主任的引领下，那两位家长抬着纸船又回到了校园，纸船又重新回到了校史馆……

校长和邓主任说了什么呢？我有点好奇。回到办公室，我就问邓主任怎么回事。原来，邓主任最初的想法是：科技节结束了，这些船只也展览了一些时日，校史馆本来空间也不大，因此决定让家长帮忙把这些纸船搬走。而校长却建议将这次比赛中最具代表性的纸船永久保留在校史馆，成为学校历史的一部分。

我恍然大悟。细想起来，的确应该如此。我们的校园中每天发生着无数鲜活的教育故事，可是，这些往往被我们忽略。刘少奇同志曾经说过，历史是由人民书写的。推而广之，学校的历史则应该是由师生书写的。一个学校的发展史不是由获得的奖牌记录的，而应该是由许多个教育的灵动瞬间组成的。试想一下，当我们每一年的科技节都能够保留一件或数件孩子们亲手制作的精美的科技作品，一年、两年……十年……二十年……当我们再来看这些作品时，历史的厚重感一目了然，它们会直观再现学校科技教育的发展史。

科技节如此，学校的其他活动又何尝不是如此呢？教育活动如此，教学工作亦如此。例如有老师从一年级带一个班，带到了六年级，在此过程中，她一直积累学生们的习作，从一年级到六年级，学生的习作水平在不断提升着，老师依然能够用心地留存学生一年级时那些稚嫩的作品。像这样的老师在我们的校园内可能还不止一位。如果我们把这些习作展示出来，既能反映学生的成长历程，也能展现我校习作教育的改革脉络。这难道不也是学校教学改革的历史吗？

我们经常听说"悠久的办学历史""历史的厚重感"等词语，每每听到这样的词语时，便会对一所学校油然而生一种敬意。殊不知，这种历史的书写与创造就在我们日常的工作中。让我们用心书写学校教育的历史，用心创造教育的灵动瞬间，让那些灵动的教育瞬间成为学校发展史上的永恒！

（本文写于 2012 年 11 月 26 日）

用问题激发问题

我校课程小组第 5 次讨论活动结束了，但讨论过程中带给我的一些思考却时刻萦绕于脑海。这次讨论会进行得很顺利，各组汇报之后自由发言，最后专家点评。

然而，看似常态的活动却深深触动了我。在各组汇报之后，商主任组织参与的教师自由发言。当时，我一看商主任话音落地之后没有老师回应，场面稍有一些尴尬，立刻举手就语文、德育、艺术等不同学科都提到了戏剧这一现象发表了自己关于课程整合的一点想法。之后，大家按部就班地谈自己的一些感受，气氛有些沉闷。很快，这种沉闷的气氛被屈文霞副校长打破了。她说道："我有一个问题不太明白，刚才科技组汇报的过程中为什么会提到我国的传统节日呢？这些难道也是科技教育的内容吗？"不少人听后频频点头。可是，话音刚落，不待主持人发话，负责科技教育的王红丽主任便接过了话筒说："我来回应一下这个问题……"她侃侃而谈，大家在她的解释下明白了这个问题的来龙去脉，现场的气氛开始变得活跃了，会议继续进行着……

我回想起本周二我主持的我校葵园研究院"教师沙龙"活动，活动的主讲人是北师大朱志勇教授，朱教授的讲座互动性较强，需要老师发言、回应，可是现场气氛有时就有一些沉闷。究其因，实际上是没有真正要交流的问题出现，如果像今天这样有问题去激发，不待主持人多讲，老师自然会抢着发言。

　　由此我想到：我们经常希望学生带着问题进课堂，老师又何尝不是呢？实际上，无论教师还是学生，道理是相通的。"用问题激发问题"应该成为我校自主教学的一个策略。第一个"问题"既可以来自老师，也可以来自学生，上课伊始，学生脑海中要有问题，而不是一片空白；第二个"问题"既指学习过程中学生产生的新问题，也包括一节课结束之后，学生应该带着新的问题、新的思考走出课堂。如果我们每一节课都能做到"用问题激发问题"，何愁学生的自主学习能力无法提高呢？

（本文写于 2012 年 11 月 30 日）

以终为始，学会自我领导

本周，校长特邀《中国教育报》资深记者李建平女士为我校全体中层干部做了一次讲座。说是讲座，其实更多的是一次座谈。但这次活动带给我们深刻的思考，听者有醍醐灌顶之感。

我个人感觉，建平女士更多地讲了一种思考问题的方法——以终为始，她强调在工作中既要有宏观思考，又要有微观把控；既要知道"我"是谁，从哪儿来，还要知道"我"在哪儿，将要到哪儿。在干一件工作之前，要有理念，有现状分析，有主要问题，还要有突破点，有方法……要每天思考重要但不紧急的问题，长期思考一个问题。

我认为，这些观点实际上在告诉我们，要学会自我领导。长期以来，我们习惯了被领导，被各级领导所领导，被一切可以领导自己的人所领导，而唯独忘记了自我领导。

我想，校长倡导的"人人皆可为领导"实际上也是在告诉每一位干部、教师要学会自我领导。其实，学会了自我领导，就学会了自我规划、主动设计，任何事物都应该经过两次创造而成。第一次是先在脑海中构想、设计；第二次则是付诸实践，不断完善。可以说，领导是第一次创造，要先于管理；管理则是第二次创造，要对领导逐步完善。

我们平时习惯于所谓的"管理"，但忽视了"领导"。用"现代管理学之父"彼得·德鲁克的话来讲："管理是正确地做事，领导则是做正确的事情。"管理是有效地顺着成功的梯子往上爬，领导则是判断这个梯子是否搭在正确的墙上。从这个角度讲，不会自我领导是可怕的！不会自我领导，就意味着我们每做一件管理工作，都需要校长亲自为我们搭梯子，都需要校长亲自告诉我们该做或不该做……

　　以终为始，学会自我领导！从今天开始！

　　　　　　　　　　　　　　　　　（本文写于 2012 年 12 月 20 日）

管理是一种利益冲突

早晨到校后，像平常一样到四年级各教室巡视。

在巡视过程中发现，有的班学生在老师的带领下读课文，有的班学生在静静地改作业本上的错题，还有的班在同学的带领下背诵古诗。不过，有个别班的老师没有按时到岗，教室里的学生没事干，晃来晃去，无所适从。

看到这种情景，我就进教室组织学生开始读书，并嘱咐学生遵守纪律……然后又来到另外一个老师没有到岗的班级内组织学生……

回到办公室，看见校长正在询问干部巡视各年级的情况。当问到我时，我如实做出回答：有两个班老师没有到岗。校长接着问："你是怎么处理的？"我说了自己刚才的做法。同时，也有其他干部遇有类似的情况。共同的一点是，大家发现这种不到岗现象时都没有找相关老师谈这件事情。

校长建议，马上找到相关老师，说明不按时到岗的后果，避免以后发生类似的情况。另外，校长建议干部一定要敢于管理，不能对于一些违反规定的事情视而不见，当你真正敢于管理的时候，老师才会真正地佩服你。否则，老好人、和事佬并不能让老师从内心佩服，相反，只会使自己的威信不断降低。

记得校长曾经说过，管理是一种利益冲突。作为一名中层干部，应该积极面对管理中的各种问题，发现问题应该敢于管理，只有敢于触动个别人的利益，才能维护大多数人的利益，否则，导致的结果必定是正气削弱、邪气上升。当我们真正面对事实，对事不对人的时候，相信可以得到老师们的理解。

（本文写于 2013 年 1 月 4 日）

爱满葵园

今天，我校在本部阶梯教室召开了以"倾听爱的声音——分享疼孩子的故事"为主题的期末教师论坛，此次论坛邀请了顾明远、林崇德、朱小蔓等全国知名教育专家。论坛中教师们分享了充满爱意的教育教学故事，活动取得了良好的效果。

此次论坛共分两个阶段：第一阶段是分论坛的交流汇报；第二阶段是 10 个分论坛进行大会汇报，最后由各位到会专家进行点评。在大会汇报阶段，我有幸成为此次大会的梳理员。说实话，做这样高规格会议的梳理员，还是有一定压力的，因为台下就座的不仅有熟悉的同事们，还有各位大名鼎鼎的教育专家。

上午 9 点 40 分，大会准时开始。在各个小组汇报的过程中，我聚精会神地听，一丝不苟地记，生怕漏掉什么。随着时间不断推移，我逐渐忘记了自己的角色，我已经不再是一个大会梳理员，我成了一名忠实的听众。我被各组故事中所流露出的浓浓的爱所包围、所感动。我听到的最多的是教师对学生的尊重、关爱、理解、等待、包容……我们的教师在日常工作中用自己的真情实意、教育智慧呵护着学生的成长，他们为学生的成长而改变，因学生的需要而改变，无怨无悔。多么可爱的老师呀！

专家的点评也带给老师们更深层次的思考，尤其是中国教育学会会长顾明远教授的四句话，更是道出了"爱"的真谛：没有爱就没有教育；没有兴趣就没有成功；教书育人在细微处；学生成长在活动中。

最后，该我进行大会梳理了，面对黑板上密密麻麻的文字，面对台下老师们期待的眼神，我心情异常激动。我为老师们的精彩故事而感动，为专家们的深度点评而触动，更为会场洋溢的浓浓爱意而激动。彼时彼刻，无须多言，因为在"爱"面前，任何语言都是苍白的。我转身在黑板上写下了这样的文字："爱意如潮涌连天，满目心语舞蹁跹。葵花向日揽朝阳，园中春色映杏坛。"（藏头：爱满葵园）这是我的真实感受，生活在这样一个充满爱的校园中是幸福的，愿爱永驻每个人的心间！

（本文写于 2013 年 1 月 18 日）

在比较中进步

今天第一节课，校长召集本部部分干部召开了关于剑桥教育培训的会议，本次会议重点讨论如何开展剑桥教育培训，制订出切实的方案。在会议上，参会的每位干部先谈了自己的一些看法，诸如如何安排培训老师的代课，如何让培训更好地指导教育教学。之后，校长对大家的发言做了补充。两相比较，我有以下感受。

课程 vs 做事

从总体来看，我们在安排这件事情的时候更多地是把它作为一件单纯的任务和工作来看待，心中想得更多的是如何把这件事情做完，让这件事情尽快过去，而校长则是把这次培训作为一门教师培训课程来思考。当这件事情被看作课程的时候，我们发现，思考点就多了，内涵也丰富了。你需要思考课程目标、课程理念、教学流程、教学评价、课后反思、人员安排等。其实，学校处处皆课程。当我们多一些课程性思维，就会发现，教育生活是丰富多彩的！

学校指定学员 vs 教师自己报名

昨天我们几位教学干部商量这件事情的时候，想到的是由教研组长、区级学科带头人、葵园名师、教学干部等人员参加此次培训，而校长则倡导先由老师自主报名。其实，我们也曾经想过自主报名，但随即想到的就是没有人报怎么办。校长则一再强调要相信老师自主成长的愿望。事实证明，有 20 多位老师主动报名。我们还曾一度担心报名超过预定名额怎么办，实际上，这体现出的更多的是一种民主管理的思想。是追求"要我做"还是追求"我要做"？显然，我们应该追求后者，给老师们多一些"我要做""我想做"的机会。其实，这不正是我们所追求的民主管理吗？

反思 vs 发酵

在谈到学习之后的要求时，我们谈到的更多是反思，要求每位参与者写出一篇反思性文章。而校长则提到了一个词——发酵，让参与培训的老师将自己的收获进行发酵，然后作为种子教师影响更多的老师，以点带面，逐步扩大此次培训的影响和效果。诚然，开展一次培训，我们应该更多地考虑培训的后续影响，而不是就培训而谈培训！

管理是一门学问，需要在实践中不断摸索前行！

（本文写于 2013 年 2 月 26 日）

"减负增效"对教学管理干部的要求是什么？

今天下午两节课后，学校召开了全体教师会。在会上，张副校长重点传达了海淀区关于减轻学生负担的文件。文件内容细致入微，具体到了每天的作业时间、作业量等问题，教师们也从中感受到了一种震撼。

会后，我不禁思考：减负增效看似与教师密切相关，其实，与学校的整体教学管理关系更加紧密。那么，作为一名教学干部，在减负增效的过程中，到底应该做什么，又应该如何做呢？

校长经常谈到提升中层干部的诊断力。对于教学干部而言，我感觉最主要的一点是要提升自身的教学诊断力。反观日常教学，学生负担重很重要的一个原因就是课堂教学效率低下。于是，堤内损失堤外补，学生的负担无形中增加了。其实，我们每学期都听课、评课，但是，教师的提高到底有多少呢？很难说！

细究原因，与我们以往评课标准模糊有一定关系，我们经常在评课时面面俱到，造成的后果便是"水过地皮湿"，往往是评课结束后，一切都结束了。本学期，我校倡导"一节好课就是让学生动起来、学进去、感兴趣"。因此，我准备在今后评课过程中紧扣这一点与教师们探讨，尤其要关注学习有困难的学生，让教师进一步意识到，一节好课的标准是让期待成功的学生动起来、学进去、感兴趣。如果我们能够达成这样的共识，那么，在教师备课的过程中，就会考虑如何做才能让"学困生"真正"卷入"

课堂，同时，在听课的过程中，我也会关注"学困生""卷入"课堂的程度。

　　为了进一步提高教学诊断的科学性，我准备在听课的过程中关注这样几个数据的统计：全班发言的次数，"学困生"发言的次数等。我想，如果每次评课时都关注全班及"学困生"发言的情况，教师必然也会逐渐在讲课中关注这样的问题。长此以往，敢于在课堂中发言的学生就会增多，学生真正参与其中，课堂效率自然就会提高！

　　减负增效，我与教师们同行！

（本文写于 2013 年 3 月 5 日）

阅读之思

推荐阅读:《把孩子看作孩子》

原文

我们开始谈人生的第二个时期,幼儿期已经结束了,原因是"幼儿"和"儿童"不是同义语。"幼儿"包括在"儿童"之中,意思是指"不会说话的人",所以在瓦勒尔·马克西姆的著作里,我们会看到"幼稚的儿童"这种词汇。不过,我仍然是按照我们的语言习惯使用这个词,一直用到可以用其他的名词表明其年龄为止。

当小孩子开始牙牙学语后,他们就不经常哭了。这种进步是很正常的:一种语言代替了另一种语言。等到他们能够用语言说出自己所受的痛苦,只要不是痛得无以言表的时候,他们为什么要哭呢?所以,如果他们不停地哭,那就要埋怨他们周围的人。即使爱弥儿说"我痛了",那也要痛得非常厉害才能使他哭起来的。

如果孩子很聪明,如果他天生就喜欢没有原因地啼哭,我就让他白白地哭一阵儿,得不到一点效果,这样,就可以很快地使他擦干眼泪。只要他在哭,我就不去理他;他不哭了,我马上就跑到他的身边。不久后,他呼唤我的时候就采用停止啼哭的办法,或者,要哭也至多只哭一声。因为,孩子们是根据信号可以感觉的效果来判断他的意义的;对他们来说,没有其他一成不变的意思。因此,不论一个孩子受了什么样的创伤,当他独自一个人的时候,他是很少哭的,除非他希望别人听见他在哭。

假如他摔倒了，假如他头上碰肿了，假如他鼻子出血了，假如他的手指戳伤了，我不但不急忙走到他身边，反而安静地站在那里，至少也要过些时候才走过去。伤痛已经发生了，他就必须忍受。我急急忙忙的样子，反而会使他更加害怕，更加疼痛。其实，当我们受伤的时候，使我们感到痛苦的，并不是所受的伤，而是害怕的心情。我这样做，至少给他减少了后面这一种痛苦，因为，他一定是看我怎样判断他所受的伤，就怎样判断他自己所受的伤的：如果他看见我慌慌张张地去安慰他，替他难过，他就认为他这一下可糟了；如果他看见我很镇静，他也会马上镇静起来，以为伤痛已经好了，不再痛了。他正应该在这样的年龄开始学习勇敢的精神，在毫不畏惧地忍受轻微痛苦的过程中，他就会逐渐学到如何忍受更大的痛苦了。

我不但不小心谨慎地预防爱弥儿受什么伤，而且，要是他一点伤都不受，不尝一尝痛苦就长大的话，我反而会感到非常苦恼。忍受痛苦，是他应该学习的第一件事情，也是他最应该知道的事情。孩子们如此弱小，要让他们受到这些没有危险的重要的教训。即使孩子从上面跌下来，也不会摔断他的腿；即使他自己用棍子打一下，也不会打断他的胳臂；即使他抓着一把锋利的刀子，也不会抓得太紧，弄出很深的伤口。除非人们随意地把孩子放在高高的地方，或者让他独自坐在火炉旁边，或者把危险的器具放在他可以拿到的地方，否则我也从来没有听说过一个自由自在的孩子会把自己弄死了，或者弄成残废了，或者受到重伤了。有些人用各式各样的物品把孩子围起来，防止他受到任何伤害，以致他在长大后一有痛苦便不能应付，既没有勇气，也没有经验，只要刺痛一下便以为自己就要死了，看见自己流一滴血便昏倒过去，弄成这样的结果，我们还能说这一大堆有什么用呢？

我们教训人和炫耀自己的博学已经成癖，以致往往把孩子们自己本来可以学得更好的东西也拿去教他们，可是却忘记要他们学习只有我们才能教他们的事情。我们费了九牛二虎之力教孩子走路，好像因为看见过什么人由于保姆的疏忽，到长大的时候就不会走路似的，还有比这样去教孩子更愚蠢的事吗？恰恰相反，我们发现有多少人正是因为我们教坏了走路的样子，一生走路都走不好啊！

爱弥儿将来是不使用学步车、小推车和引步带的，当他知道怎样把一只脚移到另一只脚的前边时，我们就只是在有石子的地方才扶他一下，而且也只是为了使他很快地走过去。我不会让他待在空气污浊的屋子里，每天都把他带到草地上去。在那里，让他自由地跑，让他自由地玩，让他每天跌倒一百次，这样反而好些：他可以更快地学会自己爬起来。从自由中得到的好处可以补偿许多小伤。我的学生也许身上常常都有点儿伤痛，然而他永远是快乐的；你的学生也许受的伤要少一点，但他们常常感到不舒服，处处受到拘束，常常都充满忧愁。我觉得这对他们没有什么好处。

另外一种进步是让孩子们觉得哭泣是没有必要的，这种进步就是他们体力的增长。由于他们能更多地依靠自己，所以就不用经常求助于人。有了体力，他们运用体力的智慧也跟着发展起来。正是在这第二个阶段开始了他个人的生活；在这个时候，他也意识到了他自己。记忆力使自我的意识延续到他一生的每一个时刻；他真正地成为一个人，成为他自己，因此，他已经有为福还是为祸的能力了。应该从这里开始把他看作一个有心思的人。

虽然我们可以给人的生命定一个差不多是最长的期限，并且让人们在每个年龄上都有达到这个期限的可能性，但是，再没有什么东西像每一个人的寿命那样没有把握的了，能够达到这个最长的期限的人是非常少的。生命遭遇最大的危险是在其开始；对生活的体验越少，则保持其生命的希望也越小。在出生的孩子当中，至多有一半能够长成青年；也许，你的学生是不会长到成人的年龄的。

当我们看到野蛮的教育为了不可靠的将来而牺牲现在，使孩子受各种各样的束缚，它为了替他在遥远的地方准备我认为他永远也享受不到的所谓的幸福，就先把他弄得那么可怜时，我们心里是怎样想的呢？即使说这种教育的目的是合理的，然而当我看见那些不幸的孩子被置于无法容忍的束缚之中，硬要他们像服苦役的囚徒似的连续不断地工作，我怎能不感到愤慨，怎能不断定这种做法对他们毫无益处？欢乐的童年是在哭泣、惩罚、恐吓和奴役中度过的。你们之所以折磨那可怜的孩子，是为了使他更好；可是不知道你们却招来了死亡，让他被阴郁的环境夺走了。谁知道有多少孩子由于父亲或教师过分小心照料终于成了牺牲品？能够逃脱这种残酷的行为，可以说是很幸运的，孩子们在遭受了种种灾难以后，所得到的唯一好处是，在死亡的时候不至于对这个受尽苦楚的生命抱有惋惜的心情，因为他们在这一生中遇到的都是苦难。

人啊！为人要仁慈，这是你们的第一个天职。对任何身份、任何年龄的人，只要他是人类，你们都要对他仁慈。除了仁慈以外，你们还能找到什么美德呢？要爱护儿童，帮他们做游戏，使他们快乐，培养他们可爱的本能。你们当中，谁都会怀恋喜笑颜开、心情恬静的童年。你们为什么不让天真无邪的儿童享受那稍纵即逝的时光？为什么要剥夺他们绝不会糟蹋的极其珍贵的财富？他们一生的最初几年，也好像你们一生的最初几年一样，是一去不复返的，你们为什么要使那转眼即逝的岁月充满悲伤和痛苦呢？

做父亲的，你们知不知道死神什么时候会夺去你们的孩子？你们决不要剥夺大自然给予他们的短暂的时间，否则你们将后悔终生；一旦他们能感受生的快乐，就让他们去享受；不管上帝在什么时候召唤他们，你们都要先让他们品尝生命的乐趣。

很多人会起来反对我！我老远就听见那伪善的聪明人发出的嚚叫；他们不断地迷失我们的本性，他们轻视当下，不停地追求那愈追愈追不到的未来，他们硬要我们离开现在的境界，走向我们永远也达不到的地方。

你们回答我说，现在是改正人的不良倾向的时候，在童年时期，人们对痛苦的感觉最轻，正是在这个时候应当使他多受痛苦，以便他在长大后少受痛苦。但是，谁告诉过你可以由你们随心所欲地这样安排，谁曾说过你们对一个孩子的稚嫩的心灵进行这番"美妙"的教训，将来不至于对他害多益少？你怎么知道采取多多折磨孩子的办法就可以省去一些麻烦？既然不能肯定目前的痛苦能够解除将来的痛苦，为什么又要使他遭受他现在承受不了的那么多灾难呢？你们怎样证明，你们企图医治他们的那些不良倾向，不是来自你们的错误做法而是来自自然？你们所抱的希望是终有一天使他获得幸福，然而在目前却把他弄得非常可怜，这样的远虑是十分糟糕的！这些庸俗的理论家，竟把放纵同自由、快乐的儿童以及娇养的儿童，全都混为一谈，我们必须使他们了解这中间是有区别的。

为了不追逐幻想，我们就不能忘记怎样才能使我们适合于自己的环境。在万物的秩序中，人类有他的地位；在人生的秩序中，童年有它的地位：应当把成人看作成人，把孩子看作孩子。分配每个人的地位，并且使他固定于那个地位，根据人的天性处理人的欲念。为了人的幸福，我们能做的事情就是这些。其余的事情就要以各种外因为转移，但是，外因不是我们的能力可以决定的。

感悟分享

让·雅克·卢梭（1712~1778），法国18世纪启蒙思想家、哲学家、教育学家、文学家，民主政论家和浪漫主义文学流派的开创者。卢梭坚持社会契约论，倡导自由平等，其教育思想主体是自然主义教育理论。著有《论人类不平等的起源和基础》《社会契约论》《爱弥儿》《忏悔录》等，著作辑为《卢梭全集》。

本文节选自《爱弥儿》第二卷，卢梭指出："在万物的秩序中，人类有他的地位；在人生的秩序中，童年有它的地位。应当把成人看作成人，把孩子看作孩子。""把孩子看作孩子"，看似简单，然而，在我们的教育现实中，无论是为人师者，还是为人父母者，真正做到这一点，却很难很难。在我们的周围，经常可以看到这样几类儿童：

一是受到过度保护的儿童。在很多家长眼里，孩子是弱小的，是需要呵护的，于是乎，各种过度的保护随之出现，捧在手里怕碎了，含在嘴里怕化了。殊不知，温室里长大的孩子是经不了风雨的。在一些学校的教育中，过度保护也随处可见。被拆除的体育设施，被保洁工代劳的校园环境打扫，被随意取消的社会实践活动，看似为了保护儿童，实则忽略了儿童的成长需求。

二是被知识重压的儿童。每到周末，经常可以看到各类校外培训机构人满为患，家长带着孩子穿梭其中。不少孩子同时学习几门功课，既有语文、数学、英语等应考学科，也有舞蹈、音乐、美术等陶冶性情的学科，不一而足。在家长眼里，用各种学习充实孩子的业余时间是为了孩子的将来。然而他们没有想到，在自然中放飞孩子，会让孩子拥有更加广阔的天空。

三是过早成熟的儿童。我们经常可以看到一些"小大人"似的儿童，俗称"老人苗子"。这样的儿童老成持重，说话像大人，做事像大人，会看大人脸色，会揣摩大人心理，看似很懂事，实则很可怕，这样的儿童是没有个性和灵性的。有时候，恰恰是我们的教育催生了这类儿童的心性。

那么，我们作为教师，到底应该怎么"把孩子看作孩子"呢？

一要走近儿童，了解儿童。儿童的世界是多姿多彩的，他们的游戏、他们的梦想、他们的学习、他们的交往……作为教师的我们，很多时候是不了解的，最可怕的是我们经常自以为很了解。儿童更需要我们走近他们，真正地了解他们。

二要走进儿童，宽容儿童。如果说"走近"是一种姿态的话，那么"走进"更需要实际的行动，需要走到儿童中间，需要蹲下身子，和儿童融洽相处。在和儿童相处的过程中，我们需要等待、宽容。这样，就会出现张文亮在《牵一只蜗牛去散步》中写到的那种教育境界，可以"闻到花香""听到鸟声，听到虫鸣"。

三要陪伴儿童，还原儿童。"陪伴是最长情的告白，守护是最沉默的陪伴"。教育在很多时候，需要的是陪伴与守望，陪伴与守望在很大程度上也是还原儿童、给儿童更多自主空间的过程。花开的声音是美妙的，但需要静静等待、默默浇灌！

"把孩子看作孩子"，我们需要做的事情还有很多，我们需要走的路还有很长，好在我们已经坚定地走在路上！

（本文登载于 2020 年第 3 期《新课程教学》）

推荐阅读：《论书籍和阅读》

原文

我们阅读时，是别人在替我们思想，而我们不过是在重复他人的思想过程而已。在初学书法时，学生照着老师用铅笔写的字迹摹写。阅读也是一样，在阅读时，大部分思想活动别人已替我们做过了。所以，在紧张的思想活动过后拿起书本阅读，就会使我们感到轻松愉快。

阅读时，我们的心灵只是他人思想活动的场所，所以，如果有人整天手不释卷，偶有小歇，便做一些不费脑力的消遣，以求松弛，长此以往，他便会逐渐丧失思维能力。这就像总是骑马的人，最终有一天会忘了如何走路。

有许多学究就是这样，他们书读得越多，人便变得越死板。利用一切空闲时间读书而把其他一切都抛在一边，这甚至比连续性的体力劳动还要麻痹我们的心智，体力劳动至少还可以让人边劳动边思想。

始终被外力拉开的弹簧最终会失去其弹性，同样，如果别人的思想不断地压迫着我们的心灵，那么我们的精神便会感觉特别劳顿。恰如过量地摄取营养物质反而会撑坏我们的胃、损伤我们整个身体一样。读书越多，留存下来的东西并不一定多，心灵就会变得像重复书写过多遍的石板一样，横七竖八，混乱不清。

学习而不思考相当于没有学习，不停阅读而不加思索，那么学到的就会很肤浅，最后终致淡忘。事实上，精神食粮也同物质食粮一样，我们能够吸收消化的几乎连五分之一也不到，其余的则因蒸发、呼吸等而消耗掉了。

因此，书中的思想只不过像沙地足迹一样，你能看得见一个人所走过的路径，但要知道他一路上看到过什么，你必须看到他的眼睛。作家们所具有的才华风格，如说理循循善诱，想象奇特丰富，比喻巧妙大胆，措辞简洁优雅、妙语迭出，对比令人叹服，风格质朴洗练，笔触写尽人间的辛酸苦涩，语言似行云流水，等等，这都不是通过阅读他们的著作便能学到的。

但如果我们本来就有这样的能力，我们就可能意识到并唤醒它们。我们可以知道运用这些才能的目的，而且在使用这些才能时我们可以得到提高，并获得足够的勇气，我们可以以作家为榜样，检验我们是否运用得恰当，是否正确地运用了这些才能。

当然，要达到这种高度，我们自己必须首先具有这样的才能。阅读能有助于我们形成自己文风的唯一作用，就在于它教会了我们如何利用我们天生的才能。所以，要学习如何运用这样的天赋，首先必须得拥有这些天赋，没有天赋，阅读又能教给我们什么呢？除了教给我们一些毫无趣味、缺乏生气的矫揉造作的腔调，并把我们变成肤浅的模仿者外，什么也不能教给我们。

有些作家、雇佣文人以及多产作者，习惯于用各种恶劣的诡计谋取钱财，他们全然不顾高雅的趣味和时代的真正教养，拿一些时髦的话题引诱幼稚的读者，致使他们习惯于阅读最新式的书，以便他们在所交往的社交圈子里有足够的谈资。这就是那些坏小说的目的。

有许多读者拿着那些极其平庸的作品细细品味，只限于阅读那些仅为金钱写作的多如牛毛的作家所写的新书，对于不同时代、不同国家的名著只知其名，难道还有什么人比这样的读者更惨吗？各种文学刊物也是一种标新立异的狡诈发明，其目的就是浪费读者的宝贵时光，人们本来可以拿这些时间阅读那些天才的文学作品以提高自己的修养，而不应当拿那些专事粗制滥造的平庸之辈的作品耗费时光。所以，阅读若能有所自制，乃是一件至关重要的事情。

阅读应精选，不要仅仅因为某本书盛极一时而信手拈来，不要去读大家广泛传阅的书籍，如政治性或宗教性的小册子、小说、诗歌等，这样的书可能受到人们广泛注意，甚至出版后一版再版。我们要知道，为愚蠢的人写作的书总会有大量的读者，要认真地把时间用来阅读那些古今中外的伟大人物的著作，阅读那些站在人类之巅的人的著作以及享受着不朽声誉的人的作品。只有这样的著作才会开卷有益。

决不阅读不好的文学作品，好的文学作品也不要读得太泛太多。坏书是精神的毒药，会毁灭人的心智。人们总是阅读新的作品，而不阅读流芳百世的杰作，作家们把笔触局限在他们那个时代一些流行观念的狭小范围里，我们的时代在这个泥坑里陷得越来越深了。

任何时代都存在两种并列的作品，两者彼此之间相知甚少，一种真诚实在，一种表面肤浅。前者具有永久性的意味，它们为以科学或诗歌为目的的人们所珍爱，这样的书籍严肃、庄重、闲适恬静，但发展特别缓慢，在整个欧洲，一个世纪也几乎出不了 10 来部这样的作品，但这些作品都是永恒的。后一类书籍则为那些靠科学和诗歌维持生计的人所迷恋，它们在其信徒的喧嚣声和叫喊声中飞速发展，在市场上每年都要卖出数千种。但几年过后，人们禁不住要问，这些作品都到哪里去了呢？它们那来得如此短暂却异常显赫的光荣又到哪里去了呢？我们可以把这类作品叫作短命的文学，而前一类则是不朽的文学。

感悟分享

亚瑟·叔本华（1788~1860），德国著名哲学家、美学家，唯意志主义哲学流派创始人，生命意志论的主要代表，其研究涉猎广泛，涵括音乐、绘画、诗歌及歌剧等。主要著作有《作为意志和表象的世界》《论充足理由律的四重根》《伦理学的两个根本问题》等。

亚瑟·叔本华是享誉世界的著名哲学家，其思想之深刻，见解之独到，深受广大读者的喜爱与推崇。这篇文章重点论述了书籍和阅读的关系，叔本华认为读书可以使人感到轻松愉快，但是，也不能滥读，读书的同时应该加以思考，不可读而不精。

关于读什么书的问题，叔本华强调：一是阅读应精选，要"阅读那些古今中外的伟大人物的著作，阅读那些站在人类之巅的人的著作以及享受着不朽声誉的人的作品。只有这样的著作才会开卷有益"。二是"决不阅读坏的文学作品"，"坏书是精神的毒药，会毁灭人的心智"。他还指出，任何时代都存在两种作品：一种真诚实在，具有永恒的价值；一种表面肤浅，看似显赫，迅即消失，是短命的文学。叔本华200多年前的观点，对我们今天如何选择书籍、开展有效的阅读仍然具有重要的指导意义。

首先，读书的同时应该思考。在倡导全民阅读的今天，读书的重要性已经深入人心。再加上国家统编语文教材对课外阅读的重视，读书已经成为学生成长过程中不可或缺的一部分。但是，在学生的阅读过程中，确实存在着囫囵吞枣追求数量而忽略深入思考的现象。古人有"尽信书，不如无书"之说。读书而不思考、不质疑，全盘照搬，对于学生的成长是不利的。因此，在指导学生读书的过程中，要引导学生多一份质疑批判的精神，多一份熟读深思的态度，无疑会有助于学生养成"且读且思"的习惯。

其次，读书要精选，要读那些经典的著作。随着对读书的重视，各种书单铺天盖地，名师书单、名校书单、名家书单……不一而足，阅读者有时候也很惶惑，不知道应该如何选择。叔本华对于书籍选择的建议值得我们深思。只有真正经过时光沉淀的经典才是永恒的，才是值得读的。不要把有限的时间用在读一些意义不大的书籍上面。

正如冰心老人曾经说过的，"读书好，好读书，读好书"。读书是美好的，作为教师，我们应该帮助学生养成"好读书"的习惯，并陪伴学生一起读好书！

（本文登载于 2020 年第 5 期《新课程教学》）

推荐阅读:《我在北京大学的经历》

原文

民国元年,我长教育部,对于大学有特别注意的几点:

一、大学设法、商等科的,必设文科;设医、农、工等的,必设理科。

二、大学应设大学院(即今研究院),为教授、留学的毕业生与高级学生研究的机关。

三、暂定国立大学五所,于北京大学外,再筹办大学各一所于南京、汉口、四川、广州等处。

四、因各省的高等学堂,本仿日本制,为大学预备科,但程度不齐,于入大学时发生困难。乃废止高等学堂,于大学中设预科。

是年,政府任严幼陵君为北京大学校长。两年后,严君辞职,改任马相伯君。不久,马君又辞,改任何锡侯君。不久又辞,乃以工科学长胡次珊君代理。民国五年冬,我在法国,接教育部电,促回国,任北大校长。我回来,初到上海,友人中劝不必就职的颇多,说北大太腐败,进去了,若不能整顿,反于自己的声名有碍。这当然是出于爱我的意思。但也有少数的说,既然知道他腐败,更应进去整顿,就是失败,也算尽了心。这也是爱人以德的说法。

我到底服从后说,进北京。

我到京后,先访医专校长汤尔和君,问北大情形。他说"文科预科的情形,可问沈尹默君;理工科的情形,可问夏浮筠君"。

汤君又说："文科学长如未定，可请陈仲甫君。陈君现改名独秀，主编《新青年》杂志，确可为青年的指导者。"因取《新青年》十余本示我。

我对于陈君，本来有一种不忘的印象，就是我与刘申叔君同在《警钟日报》服务时，刘君语我："有一种在芜湖发行之白话报，发起的若干人，都因困苦及危险而散去了，陈仲甫一个人又支持了好几个月。"

现在听汤君的话，又翻阅了《新青年》，决意聘他。从汤君处探知陈君寓在前门外一旅馆，我即往访，与之订定。于是陈君来北大任文科学长，而夏君原任理科学长，沈君亦原任教授，一仍旧贯。乃相与商定整顿北大的办法，次第执行。

我们第一要改革的，是学生的观念。

我在译学馆的时候，就知道北京学生的习惯。他们平日对于学问上并没有什么兴会，只要年限满后，可以得到一张毕业文凭。

教员是自己不用功的，把第一次的讲义，照样印出来，按期分散给学生，在讲坛上读一遍。学生觉得没有趣味，或瞌睡，或看看杂书；下课时，把讲义带回去，堆在书架上。等到学期、学年或毕业的考试，教员认真的，学生就拼命地连夜阅读讲义，只要把考试对付过去，就永远不再去翻一翻了。

要是教员通融一点，学生就先期要求教员告知他要出的题目，至少要求表示一个出题目的范围；教员为避免学生的怀恨与顾全自身的体面起见，往往把题目或范围告知他们了。于是他们不用功的习惯，得了一种保障了。

尤其北京大学的学生，是从京师大学堂"老爷"式学生嬗继下来（初办时所收学生，都是京官，所以学生都被称为老爷，而监督及教员都被称为"中堂"或"大人"）。他们的目的，不但在毕业，而尤注重在毕业以后的出路。所以专门研究学术的教员,他们不见得欢迎。要是点名时认真一点,考试时严格一点,他们就借个话头反对他,虽罢课也在所不惜。

若是一位在政府有地位的人来兼课,虽时时请假,他们还是欢迎得很,因为毕业后可以有阔老师做靠山。这种科举时代遗留下来的劣根性,是于求学上很有妨碍的。

所以我到校后第一次演说,就说明"大学学生,当以研究学术为天职,不当以大学为升官发财之阶梯"。然而要打破这些习惯,只有从聘请积学而热心的教员着手。

那时候因《新青年》上文学革命的鼓吹,而我得认识留美胡适之君。他回国后,即请到北大任教授。

胡君真是"旧学邃密"而且"新知深沈"的一个人。所以,一方面与沈尹默、兼士兄弟,钱玄同、马幼渔、刘半农诸君以新方法整理国故,一方面整理英文系。因胡君之介绍而请到的好教员,颇不少。

我素信学术上的派别是相对的,不是绝对的。所以每一种学科的教员,即使主张不同,若都是"言之成理,持之有故"的,就让他们并存,令学生有自由选择的余地。

最明白的是胡适之君与钱玄同君等绝对的提倡白话文学,而刘申叔、黄季刚诸君仍极端维护文言的文学;那时候就让他们并存。我信为应用起见,白话文必要盛行,我也常常作白话文,也替白话文鼓吹。

然而我也声明:作美术文,用白话也好,用文言也好。例如我们写字,为应用起见,自然要写行楷,若如江艮庭君的用篆隶写药方,当然不可;若是为人写斗方或屏联,作装饰品,即写篆隶章草,有何不可?

那时候各科都有几个外国教员，都是托中国驻外使馆或外国驻华使馆介绍的，学问未必都好，而来校既久，看了中国教员的阑珊，也跟了阑珊起来。我们斟酌了一番，辞退几人，都按着合同上的条件办的。

有一法国教员要控告我，有一英国教习竟要求英国驻华公使朱尔典来同我谈判，我不答应。朱尔典出去后，说："蔡元培是不要再做校长的了。"我也一笑置之。

我从前在教育部时，为了各省高等学堂程度不齐，故改为各大学直接的预科。不意北大的预科，因历年校长的放任与预科学长的误会，竟演成独立的状态。那时候预科中受了教会学校的影响，完全偏重英语及体育两方面；其他科学比较落后，毕业后若直升本科，发生困难。预科中竟自设了一个预科大学的名义，信笺上亦写此等字样。于是不能不加以改革，使预科直接受本科学长的管理，不再设预科学长。预科中主要的教课，均由本科教员兼任。

我没有该校与他校的界线，常为之通盘打算，求其合理化。是时北大设文、理、工、法、商五科，而北洋大学亦有工、法两科。北京又有一工业专门学校，都是国立的。我以为无此重复的必要，主张以北大的工科并入北洋，而北洋之法科，刻期停办。

得北洋大学校长同意，及教育部核准，把土木工与矿冶工并到北洋去了。把工科省下来的经费，用在理科上。

我本来想把法科与法专并成一科，专授法律，但是没有成功。我觉得那时候的商科，毫无设备，仅有一种普通商业学教课，于是并入法科，使已有的学生毕业后停止。

我那时候有一个理想，以为文、理两科，是农、工、医、药、法、商等应用科学的基础，而这些应用科学的研究时期，仍然要归到文、理两科来。所以文、理两科，必须设各种的研究所；而此两科的教员与毕业生必有若干人是终身在研究所工作，兼任教员，而不愿往别种机关去的。所以完全的大学，当然各科并设，有互相关联的便利。

若无此能力，则不妨有一大学专办文理两科，名为本科，而其他应用各科，可办专科的高等学校，如德、法等国的成例，以表示学与术的区别。因为北大的校舍与经费，绝没有兼办各种应用科学的可能，所以想把法律分出去，而编为本科大学，然没有达到目的。

那时候我又有一个理想，以为文、理是不能分科的。例如文科的哲学，必植基于自然科学；而理科学者最后的假定，亦往往牵涉哲学。从前心理学附入哲学，而现在用实验法，应列入理科；教育学与美学，也渐用实验法，有同一趋势。地理学的人文方面，应属文科，而地质地文等方面属理科。历史学自有史以来，属文科，而推原于地质学的冰期与宇宙生成论，则属于理科。所以把北大的三科界限撤去而列为十四系，废学长，设系主任。

我素来不赞成董仲舒罢黜百家、独尊孔氏的主张。清代教育宗旨有"尊孔"一款，已于民元在教育部宣布教育方针时说它不合用了。到北大后，凡是主张文学革命的人，没有不同时主张思想自由的，因而为外间守旧者所反对。适有赵体孟君以编印明遗老刘应秋先生遗集，贻我一函，属约梁任公、章太炎、林琴南诸君品题。我为此分别发函后，林君复函，列举彼对于北大怀疑诸点；我复一函，与他辩。这两函颇可窥见那时候两种不同的见解。

这两函虽仅为文化一方面之攻击与辩护，然北大已成为众矢之的，是无可疑了。越四十余日，而有五四运动。我对于学生运动，素有一种成见，以为学生在学校里面，应以求学为最大目的，不应有何等政治的组织。其有年在二十岁以上，对于政治有特殊兴趣者，可以个人资格参加政治团体，不必牵涉学校。

所以民国七年夏间，北京各校学生，曾为外交问题，结队游行，向总统府请愿。当北大学生出发时，我曾力阻他们。他们一定要参与，我因此引咎辞职，经慰留而罢。到八年五月四日，学生又有不签字于巴黎和约与罢免亲日派曹、陆、章的主张，仍以结队游行为表示，我也就不去阻止他们了。他们因愤激的缘故，遂有焚曹汝霖住宅及攒殴章宗祥的事。学生被警厅逮捕者数十人，各校皆有，而北大学生居多数。我与各专门学校的校长向警厅力保，始释放。但被拘的虽已保释，而学生尚抱再接再厉的决心，政府亦且持不做不休的态度。都中喧传政府将明令免我职而以马其昶君任北大校长，我恐若因此增加学生对于政府的纠纷，

我个人且将有运动学生保持地位的嫌疑，不可以不速去。乃一面呈政府引咎辞职，一面秘密出京，时为五月九日。

那时候学生仍每日分队出去演讲，政府逐队逮捕，因人数太多，就把学生都监禁在北大第三院。北京学生受了这样大的压迫，于是引起全国学生的罢课，而且引起各大都会工商界的同情与公愤，将以罢工、罢市为同样之要求。政府知势不可侮，乃释放被逮诸生，决定不签和约，罢免曹、陆、章，于是五四运动之目的完全达到了。

五四运动之目的既达，北京各校的秩序均恢复。独北大因校长辞职问题，又起了多少纠纷。政府曾一度任命胡次珊君继任，而为学生所反对，不能到校；各方面都要我复职。我离校时本预定决不回去，不但为校务的困难，实因校务以外，常常有许多不相干的缠绕，度一种劳而无功的生活，所以启事上有"杀君马者道旁儿；民亦劳止，汔可小休；我欲小休矣"等语。但是隔了几个月，校中的纠纷，仍在非我回校不能解决的状态中。我不得已，乃允回校。回校以前，先发表一文，告北京大学学生及全国学生

联合会,告以学生救国,重在专研学术,不可常为救国运动而牺牲。到校后,在全体学生欢迎会演说,说明德国大学学长校长均每年一换,由教授会公举;校长且由神学、医学、法学、哲学四科之教授轮值,从未生过纠纷,完全是教授治校的成绩。北大此后亦当组成健全的教授会,使学校绝不因校长一人的去留而起恐慌。

那时候蒋梦麟君已允来北大共事,请他通盘计划,设立教务、总务两处,及聘任财务等委员会,均以教授为委员。请蒋君任总务长,而顾孟余君任教务长。

北大关于文学、哲学等学系,本来有若干基本教员;自从胡适之君到校后,声应气求,又引进了多数的同志,所以兴会较高一点。预定的自然科学、社会科学、文学、国学四种研究所,有国学研究所先办起来了。在自然科学与社会科学方面,比较地困难一点。自民国九年起,自然科学诸系,请到了丁巽甫、颜任光、李润章诸君主持物理系;李仲揆君主持地质系;在化学系本有王抚五、陈聘丞、丁庶为诸君,而这时候又增聘程寰西、石蘅青诸君;在生物学系本已有钟宪鬯君在东南、西南各省搜罗动植物标本,有李石曾君讲授学理,而这时候又增聘谭仲逵君。于是整理各系的实验室与图书室,使学生在教员指导之下,切实用功;改造第二院礼堂与庭园,使合于讲演之用。在社会科学方面,请到王雪艇、周鲠生、皮皓白诸君;一面诚意指导提起学生好学的精神,一面广购图书杂志,给学生以自由考索的工具。丁巽甫君以物理学教授兼预科主任,提高预科程度。于是北大始达到各系平均发展的境界。

我是素来主张男女平等的。九年,有女学生要求进校,以考期已过,姑录为旁听生。及暑假招考,就正式招收女生。有人问我:"兼收女生是新法,为什么不先请教育部核准?"我说:"教育部的大学令，并没有专收男生的规定；从前女生不来要求，所以没有女生；现在女生来要求，而程度又够得上，大学就没有拒绝的理。"这是男女同校的开始，后来各大学都兼收女生了。

我是佩服章实斋先生的。那时候国史馆附设在北大，我定了一个计划，分征集、纂辑两股；纂辑股又分通史、民国史两类；均从长编入手，并编历史辞典。聘屠敬山、张蔚西、薛阆仙、童亦韩、徐贻孙诸君分任征集编纂等务。后来政府忽又有国史馆独立一案，别行组织。于是张君所编的民国史，薛、童、徐诸君所编的辞典，均因篇帙无多，视同废纸；只有屠君在馆中仍编他的蒙兀儿史，躬自保存，没有散失。

我本来很注意于美育的。北大有美学及美术史教课，除中国美术史由叶浩吾君讲授外，没有人肯讲美学。十年，我讲了十余次，因足疾进医院停止。至于美育的设备，曾设书法研究会，请沈尹默、马叔平诸君主持。设画法研究会，请贺履之、汤定之诸君教授国画；比国楷次君教授油画。设音乐研究会，请萧友梅君主持。均听学生自由选习。

我在"爱国学社"时，曾断发而习兵操。对于北大学生之愿受军事训练的，常特别助成。曾集这些学生，编成学生军，聘白雄远君任教练之责，亦请蒋百里、黄膺白诸君到场演讲。白君勤恳而有恒，历十年如一日，实为难得的军人。

我在九年的冬季，曾往欧美考察高等教育状况，历一年回来。这期间的校长任务，是由总务长蒋君代理的。回国以后，看北京政府的情形，日坏一日；我处在与政府常有接触的地位，日想脱离。十一年冬，财政总长罗钧任君忽以金佛郎问题被逮，释放后，又因教育总长彭允彝君提议，重复收禁。我对于彭君此举，在公议上，认为是蹂躏人权献媚军阀的勾当；在私情上，罗君是我在北大的同事,而且于考察教育时为最密切的同伴,他的操守,为我所深信。我不免大抱不平,与汤尔和、邵飘萍、蒋梦麟诸君会商,均认有表示的必要。我于是一面递辞呈,一面离京。隔了几个月,贿选总统的布置,渐渐地实现;而要求我回校的代表,还是不绝。我遂于十二年七月间重往欧洲,表示决心;至十五年,始回国。那时候,京津间适有战争,不能回校一看。

十六年,国民政府成立,我在大学院,试行大学区制,以北大划入北平大学区范围,于是我的北京大学校长的名义,始得取消。

综计我居北京大学校长的名义,十年有半;而实际在校办事,不过五年有半。一经回忆,不胜惭悚。

感悟分享

蔡元培(1868~1940),浙江绍兴府山阴县(今浙江绍兴)人,祖籍浙江诸暨。他是著名的教育家、革命家、政治家,曾任中华民国首任教育总长。1917年至1927年任北京大学校长。在此期间,他革新北大,开"学术"与"自由"之风。这篇文章重点写了先生任北京大学校长前后的经历与思考。

透过文字,我们仿佛可以看到在风雨飘摇的民国初年,一位着长衫戴眼镜的先生不顾友人的劝说,毅然前往北京大学赴任校长之职。看似瘦弱的肩膀从此扛起了中国教育的大旗,开创了中国现代教育的先河。

先生到校后第一次演说,就说明"大学学生,当以研究学术为天职,不当以大学为升官发财之阶梯"。这句话在百年之后的今天听来依然振聋发聩。学校教育的真正目的是什么,是值得每位教育工作者思考的。教育应该摒弃浮躁,摒弃功利,回归本源,让每一位学子获得道德的成长,获得学术的成长,而非其他。

先生"素信学术上的派别是相对的，不是绝对的"，正是这种兼容并包的思想，才"令学生有自由选择的余地"。先生"素来不赞成董仲舒罢黜百家、独尊孔氏的主张"，正是先生倡导的思想自由成就了北大的辉煌。在当下的学校教育中，在课程上给学生更多的选择，在思想上引导学生真正养成实事求是、敢于发表不同观点，也依然是非常重要的事情。

先生主张"组成健全的教授会，使学校决不因校长一人的去留而起恐慌"，"主张男女平等"这些思想和主张在当时是领先的，在当今仍然值得教育者思考。学校的发展要靠校长，但又不能仅仅依靠校长，应该让每一位员工都成为学校发展的主人，学校便不会因校长的去留而恐慌。

先生是非常注重美育的。先生认为美育之目的在于陶冶活泼敏锐之性灵，养成高尚纯洁之人格。中共中央办公厅、国务院办公厅印发《关于全面加强和改进新时代学校美育工作的意见》中指出，义务教育阶段要注重激发学生艺术兴趣和创新意识，培养学生健康向上的审美趣味、审美格调，帮助学生掌握 1 至 2 项艺术特长。究竟应该怎样在学校教育中落实美育，值得深思！

文章最后写道："综计我居北京大学校长的名义，十年有半；而实际在校办事，不过五年有半。一经回忆，不胜惭悚。""惭悚"透露出的是先生严于律己的人格魅力，更让读者感受到先生勇往直前的担当。

时隔近百年，当代的教育可以从先生的思想中借鉴什么呢？

推荐阅读：《创造的教育》

原文

诸位同学：

我今天的讲题是"创造的教育"。

什么是创造的教育？先说明创造两个字的意义。我举两个例子来说吧。鲁滨孙漂流到荒岛上去，口渴了，白天他走到海边用手去捧水喝，到黑夜里就没有办法了。他偶尔在灶的旁边，看见经火烧过的泥土，硬得如石子一样。他想到软的土经火烧了，就变成坚固且硬的东西，于是他把土做成三个瓶子，放入火中去烧，烧碎了一个，其余的两个可以满满地盛着水。于是他口渴的问题完全解决了。我们把这件事分析起来，可以发现三点：他把手捧水喝，到黑夜发生了困难，是他的行动；发现泥土经过火烧变成坚固且硬的东西，也是他的行动；把泥土塑成了瓶，希望同烧过的土一样坚固，是他的思想。结果，他瓶子盛水的计划成功了，是新价值的产生。由行动而发生思想，由思想产生新价值，这就是创造的过程。这个例子是"物质的创造"。再如《红楼梦》上刘姥姥游大观园，贾母请客，后来唤了二只船来，贾母同媳妇人等在前船先行，宝玉同姊妹们在后船后行。河内满是破残荷叶，宝玉的船划不快，追不上前船。宝玉心里非常愤怒，马上想铲光破荷叶。薛宝钗说，现在仆人们很忙碌，等他们空了，再叫他们铲除吧！林黛玉说她平生最不喜欢李义山的诗，只有一句还可以。

宝玉问她究竟是哪一句呢？黛玉说，是"留得枯荷听雨声"一句。宝玉一想，觉得破荷叶很有用处，就不再要铲荷叶了。这个例子中，船行到荷叶中去，是行动；破荷叶妨碍行船，是行动；林黛玉提出李义山的诗句，是思想；宝玉心中厌恶的破荷叶，一变而为可爱的天然乐器，是产生了新的价值。这种新观念的成立，是"心理的创造"。

我现在再讲行动，关于教育上的行动。中国现在的教育是关门来干的，只有思想，没行动的。教员们教死书，死教书，教书死；学生们读死书，死读书，读书死。所以那种教育是死的教育，不是行动的教育。我们知道王阳明先生是提倡"知行合一"说的，他说"知是行之始，行是知之成"。他的意思是先要脑袋里装满了学问，方才可以行动。所以大家都认为学校是求知的地方，社会是行动的地方，好像学校与社会是漠不相关的，以致造成一班只知而不行的书呆子。所以阳明先生的二句话，很可以代表中国数千年的传统教育的思想。现在我要把他的话翻半个筋斗。如果翻一个筋斗，岂非仍是还原吗，所以叫他翻半个筋斗，就是说："行是知之始，知是行之成。"例如爱迪生发明电灯，不是从前的人告诉他的，是玩把戏而偶然发现的。小孩子不敢碰洋灯泡，是他弄火烫痛的经验；至于妈妈告诉他火是烫人的，不过使小孩格外清楚一些。所以要有知识，是要从行动中去求来，不行动而求到的知识，是靠不住的。有人告诉你这是白的，那是黑的，你不行动，就不能知道哪个是真，哪个是假。有行动的勇敢，才有真知识的收获。书本子的东西，不过告诉你别人得来的知识。有许多人著书，东抄西袭，这种抄袭成章的知识不是自己知识的贡献。你能行动，行动才生困难，想法解决了困难，才是真知识的获得。我现在介绍杜威先生思

想的反省 (Reflectria of Thinking) 中的五个步骤：（一）感觉困难；（二）审查困难所在；（三）设法去解决；（四）择一去尝试；（五）屡试屡验，得出结论。我的意思，要在"感觉困难"上边添一步："行动"。因为唯其行动，到行不通的时候，方才觉得困难，困难而求解决，于是有新价值的产生。所以我说行动是老子，思想是儿子，创造是孙子。你要有孙子，非先有老子、儿子不可，这是一贯下来的。但是我们知道，单独的行动，也是不能创造的，如中国农夫耕种的方法，几千年来，间有小小的改良外，其余的都是墨守成规，毫无创造。还有许多书呆子，书尽管读得多，也不能创造。所以要创造，非你在用脑的时候，同时用手去实验；用手的时候，同时用脑去想不可。手和脑在一块儿干，是创造教育的开始；手脑双全，是创造教育的目的。孟子说："劳心者治人，劳力者治于人。"这是孟子当时的教育思想。时至今日，这种传统的思想已经起了一个极大的地震，渐渐地在那里崩溃了。我最近读了许多世界有名科学家的传记，觉得有发明的人，都是以头脑指挥他的行动，以行动的经验来充实他的头脑。中国的所谓学者，他们擅长的是高谈阔论，作空文章；而做劳工的人，又不读书，不肯用脑。所以一辈子在这种传统习俗下过生活，哪里会产生大科学家、大发明家？现在我们知道了，劳工教育啦，平民教育啦，都是时见时闻的。但是情势一变，"反动""嫌疑"等名目都加上来，你就陷于四面碰壁的绝境。有许多教育界很有声望的、无阻无碍的人，他们又不愿去干，以致这种教育至今还尚在萌芽时代。

行动的教育，要从小的时候就干起。要解放小孩子的自由，让他做有意思的活动，开展他们的天才。至于我们这一辈，从小是受传统教育的熏陶，到现在觉悟起来，成为一个半路出家的和尚。和尚是半路出家，他往往会想起他的家来。例如不吃鸦片的人，一见鸦片就生厌恶，但吃过鸦片的人，虽然戒了，至少对它有相当的感情。我们小的时候，有天赋的行动本能，不过一切工作都被仆人们代做去了，被慈善的妈妈代做去了。稍长一些，我们到小学校去读书，有阎罗王般的教师坐在上面，不许我们动一动。中学和大学的课程是呆呆地钉死在那里，你要动亦不得动。到现在始费尽九牛二虎之力，挣扎着改变久受束缚的人生，还不能回复自然的行动本能。但是我们不要灰心，时机也并不算晚，富兰克林四十几岁才发明了避雷针呢！不过行动的教育，应当从小就要干起，因为小孩子还没有斫丧他行动的本能，小小的孩子，就是将来小小的科学家。假使我们给小孩子自由行动，我相信千百孩子之中，一定有一个小孩是天才，是一个创造者、发明者。爱迪生小时候，是个很喜欢行动的小孩子。当时美国的教育，也同中国一样，小学教员是禁止小孩子活动的。爱迪生违反了教师的训条，就蒙到"坏蛋"的声名，不到三个月，爱迪生被"坏蛋"的空气逼走了。爱迪生的母亲不服气，她以为她的儿子并不是"坏蛋"，"蛋"并没有"坏"，她就教他先在地窖里研究化学，后来研究物理，结果成了一个闻名的科学家。所以爱迪生的成功，幸而有他的妈妈，否则老早就把他的天才牺牲了。牛顿生下来的时候，小到像小老鼠一只，体重只有三磅。看护妇去请医生的时候，很不高兴地说："这样小老鼠一般大的东西，等到医生来，早已一命归天了。"岂料小老鼠一般的东西，就是以后闻名的科学家，还活到八十多岁呢。据说牛顿小的时候，并不聪明。可见小孩子的时代，很难看得出哪一个是天才的儿童。

　　…………

　　我们要打倒传统的教育，同时要提倡创造的教育。他的办法是怎样呢？我们知道，传统的教育，他们一个教室容纳四五十人，试问教师的力量有多么大，能够完全去推动全级学生？所以就发生了教育方法上的错误。我们现在的办法是教师教大徒弟，大徒弟再去教小徒弟，先生在上了几堂课以后，鉴别了几个较有天才、聪明的大徒弟。以后教师就专门去教大徒弟，所以他的精神容易去推动他们，学问也容易灌输到他们头脑中去。大徒弟再把他所得到的，分别教给那些小徒弟。学生们很积极地去找寻知识，解释困难，贡献他所求得的知识，先生不过站在旁边的地位略加指点而已。我们认为这种教育，是行动的教育。有行动才能得到知识，有知识才能创造，有创造才有热烈的兴趣。所以我们主张"行动"是中国教育的开始，"创造"是中国教育的完成。我曾经参观过一个学校，这个学校是小孩子办的。我问他们说："你们是大小孩子教小小孩子吗？"有一个小孩子回答说："是的，不过有许多时候小小孩子也教大小孩子呢。"我说："你的话是对的，是真理，比我的意见更进一层。"现在中国传统教育下的知识阶级，根本就看不起小孩子，看不起农人、工人。但是试问他们的力量有多么大？倭奴侵占我们的东三省，你有力量赶走他吗？不可能！我们要启发小孩子，启发农人、工人，运用大多数人的力量，才能够去创造，才能救国雪耻。

    …………

  其次我要讲的：现在中国的教育组织，是不能创造的，我们可以分两种来说：第一种是，学校是学校，社会是社会。他们认为学校是求知的地方，社会是行动的地方；他们说读书不忘救国，救国不忘读书。日本人的炮弹已经飞到他们面前，还是子曰子曰读他的书，这种教育是亡了中国还不够的。第二种，他们已经觉得学校是离不开社会的，所以他们主张"学校社会化"。他们想把社会的一切，都请到学校里来，所以学校里什么都有：公安局啦，卫生局啦，市政厅啦，什么都有。但是他们所做的与社会依旧是隔膜的。况且学校有多么大，能够包罗万象？他们的学校好像大的鸟笼，把鸟儿捉到笼里来养；又好像一只大缸，把鱼儿捉到缸里来养。结果鸟儿过不来鸟笼的生活，死了；鱼儿过不来鱼缸的生活，死了。所以这种似是而非的教育是不自然的、虚伪的和无力量的，也不是创造的教育。创造的教育是怎样呢？就是"以社会为学校""学校和社会打成一片"，彼此之间，很难识别的。社会含有学校的意味，学校含有社会的意味。我们要把学校的围墙拆去，那么才可与社会沟通。这种围墙不是真围墙，是各人心中的心墙。各人把他的感情、态度从以前传统教育那边改变过来，解放起来。实则这种教育，只要有决心去干，是很容易办到的。例如大夏大学的附近有许多村庄，庄上的人，都是散漫的，无教育的。假使我们把学校与村庄沟通，大学生都负责去创造新村，村上的人，都接受到知识，形成活泼的有力量有生命的村庄，再把全中国所有的村庄联合起来，构成一个有大生命的中国，民众的力量可以集中，国难也可共赴。这样做去，要普及教育，一年就可以成功。我们自近而后远，先小而后大，着手办去，把小孩子、农人、工人都培养起来，这才是创造教育的目的。中国现在的教育不是平等发展的，是畸形发展的，一方面有博士、硕士，一方面有一大群无知识的民众，迟滞的表示不出多大贡献。

现在我再要讲，教育是从生活中得来的，虽然书也是求知之一种工具，但生活中随处是工具，都是教育。况且一个人有整个的生活，才可得整个的教育。举个例来说吧，有一个儿子，他是喜欢赌博的，他的母亲训斥他。不过他的母亲却悄悄地到邻舍去赌博了，他在窗内看见他的母亲赌博，于是也到别处去赌博了。这个孩子过的是赌博生活，受的是赌博教育，不期而然而成赌博的人生。某学校反对我"生活即教育"的主张，我去参观他们学校，适逢吃饭的时候。他们的饭菜是有等级的，厨子巴结先生，先生的菜特别好，学生的菜，简直坏之不堪。他们请我在先生一桌吃饭，我愿意同学生一块儿吃。学生的饭菜坏到怎样呢？他们名为一碗肉，肉仅在碗面上有几小块，学生在未下箸的时候，目光炯炯地早已看准那最大的一块，一下箸，一碗饭还没有吃完，而菜已吃得精光了。这种饕餮的状态，无形中在饭堂里更造成了许多小军阀。这个学校，是不把吃饭问题归入教育范围之内的。有许多学校对于男女学生的恋爱，他们是讳莫如深，但恋爱问题，往往在学校里闹遍。现在生活的教育是怎样呢？我们知道恋爱、吃饭等问题都是非常重要的，所以，恋爱先生我怕你，请你进来；吃饭先生我怕你，请你进来，我们一块儿干吧！我们的教育非但要教，并且要学要做。教而不学，学而不做，叫作"忘三"。我们要能够做，做的最高境界就是创造。我们要能够学，学从生活中去学，只知学而不知做，就不是真的学。我们要能够教，教要教得其所，要有整个的教育，平等的行动的教育，不要像现在的畸形的教育。有人说我的创造教育，不成其为学校，我作了一首诗："谁说非学校，就算非学校。依样画葫芦，简直太无聊。"

感悟分享

陶行知（1891~1946），原名文浚，后更名知行、行知，中国现代伟大的人民教育家。这篇文章是陶行知先生1933年初在上海大夏大学所做演讲的文稿。他提出，创造是一个民族生生不息的源泉，是一个民族文化的精髓。他认为，教育者要启发培养儿童的创造力，要真诚地与孩子生活在一起。学生是创造的主体，创造教育必须使这个主体自动，身体力行，躬身实践。

陶行知先生的这些观点虽然是 20 世纪 30 年代提出的，但是，今天依然振聋发聩，引人深思。

"由行动而发生思想，由思想产生新价值，这就是创造的过程"，所以，首先是行动，"行动是老子，思想是儿子，创造是孙子"。陶行知先生非常生动地阐释了"行"在创造过程中的重要作用。然而，在今天的课堂，依然可以看到学生双手背后、正襟危坐、洗耳恭听的场景。在这样的课堂中，学生没有真正"行动"起来，也就谈不上创造力的培养了。

"手和脑一块儿干，是创造教育的开始；手脑双全，是创造教育的目的。"可见，在课堂上，让学生"动"起来很重要，这个"动"不仅包含肢体的"动"，更应该包含思维的"动"。只有学生真正"动"起来，才能学进去，才会感兴趣，才会有创造。

美国学者艾德加·戴尔 1946 年发现的学习金字塔理论告诉我们，不同的学习方法达到的学习效果不同。学习效果在 30% 以下的几种传统方式，都是个人学习或被动学习；而学习效果在 50% 以上的，都是团队学习、主动学习和参与式学习。

所以，在今天的课堂上，我们更应该努力为学生创造参与学习活动的过程，让学生在学习过程中多一些体验、多一些经历，真正"行动起来"，进而达到陶先生所讲的"有行动才能得到知识，有知识才能创造，有创造才有热烈的兴趣"。

陶行知先生还对创造教育进行了进一步描述："创造的教育是怎样呢？就是'以社会为学校''学校和社会打成一片'，彼此之间，很难识别的。社会含有学校的意味，学校含有社会的意味。我们要把学校的围墙拆去，那么才可与社会沟通。""创造的教育是以生活为教育，就是生活中才可求到教育。"

可见，在教育教学过程中，教师应当把世界当教材，而不是把教材当世界。生活是丰富多彩的，把学生的学习和生活对接，和社会联通，学生认知的视野必然会成倍扩大。

今天，读陶行知先生的文章时，更应该多一些反思与自问：我们今天的教育给了学生多少"行动"的机会与空间？我们今天的教育还应该向什么方向努力改进？且读且思，且思且行！

（本文登载于 2020 年第 6 期《新课程教学》）

推荐阅读：《论百读不厌》

原文

前些日子参加了一个讨论会，讨论赵树理先生的《李有才板话》。座中一位青年提出了一件事实：他读了这本书觉得好，可是不想重读一遍。大家费了一些时候讨论这件事实。有人表示意见，说不想重读一遍，未必减少这本书的好，未必减少它的价值。但是时间匆促，大家没有达成明确的结论。一方面似乎大家也都没有重读过这本书，并且似乎从没有想到重读它。然而问题不但关于这一本书，而是关于一切文艺作品。为什么一些作品有人"百读不厌"，另一些却有人不想读第二遍呢？是作品的不同吗？是读的人不同吗？如果是作品不同，"百读不厌"是不是作品评价的一个标准呢？这些都值得我们思索一番。

苏东坡有《送章惇秀才失解西归》诗，开头两句是：

旧书不厌百回读，熟读深思子自知。

"百读不厌"这个成语就出在这里。"旧书"指的是经典，所以要"熟读深思"。《三国志·魏志·王肃传·注》：

人有从（董遇）学者，遇不肯教，而云必当先读百遍，言读书百遍而意自见。

经典文字简短，意思深长，要多读，熟读，仔细玩味，才能了解和体会。所谓"意自见""子自知"，着重自然而然，这是不能着急的。这诗句原是安慰和勉励那考试失败的章惇秀才的话，劝他回家再去安心读书，说"旧书"不嫌多读，越读越玩味越有意思。固然经典值得"百回读"，但是这里着重的还在那读书的人。简化成"百读不厌"这个成语，却就着重在读的书或作品了。这成语常跟另一成语"爱不释手"配合着，在读的时候"爱不释手"，读过了以后"百读不厌"。这是一种赞词和评语，传统上确乎是一个评价的标准。当然，"百读"只是"重读""多读""屡读"的意思，并不一定一遍接着一遍地读下去。

经典给人知识，教给人怎样做人，其中有许多语言的、历史的、修养的课题，有许多注解，此外还有许多相关的考证，读上百遍，也未必能够处处贯通，教人多读是有道理的。但是后来所谓"百读不厌"，往往不指经典而指一些诗，一些文，以及一些小说；这些作品读起来津津有味，重读、屡读也不腻味，所以说"不厌"；"不厌"不但是"不讨厌"，并且是"不厌倦"。诗文和小说都是文艺作品，这里面也有一些语言和历史的课题，诗文也有些注解和考证；小说方面呢，却直到近代才有人注意这些课题，于是也有了种种考证。但是过去一般读者只注意诗文的注解，不大留心那些课题，对于小说更其如此。他们集中在本文的吟诵或浏览上。这些人吟诵诗文是为了欣赏，甚至于只为了消遣，浏览或阅读小说更只是为了消遣，他们要求的是趣味，是快感。这跟诵读经典不一样。诵读经典是为了知识，为了教训，得认真，严肃，正襟危坐地读，不像读诗文和小说可以马马虎虎的，随随便便的，在床上，在火车轮船上都成。这么着可还能够教人"百读不厌"，那些诗文和小说到底是靠了什么呢？

在笔者看来，诗文主要是靠了声调，小说主要是靠了情节。过去一般读者大概都会吟诵，他们吟诵诗文，从那吟诵的声调或吟诵的音乐得到趣味或快感，意义的关系很少；只要懂得字面儿，全篇的意义弄不清楚也不要紧的。梁启超先生说过李义山的一些诗，虽然不懂得究竟是什么意思，可是读起来还是很有趣味(大意)。这种趣味大概一部分在那些字面儿的影像上，一部分就在那七言律诗的音乐上。字面儿的影像引起人们奇丽的感觉；这种影像所表示的往往是珍奇、华丽的景物，平常人不容易接触到的，所谓"七宝楼台"之类。民间文艺里常常见到的"牙床"等，也正是这种作用。民间流行的小调以音乐为主，而不注重词句，欣赏也偏重在音乐上，跟吟诵诗文也正相同。感觉的享受似乎是直接的、本能的，即使是字面儿的影像所引起的感觉，也还多少有这种情形，至于小调和吟诵，更显然直接诉诸听觉，难怪容易唤起普遍的趣味和快感。至于意义的欣赏得靠综合诸感觉的想象力，这个得有长期的教养才成。然而就像教养很深的梁启超先生，有时也还让感觉领着走，足见感觉的力量之大。

小说的"百读不厌"，主要的是靠了故事或情节。人们在儿童时代就爱听故事，尤其爱奇怪的故事。成人也还是爱故事，不过那情节得复杂些。这些故事大概总是神仙、武侠、才子、佳人，经过种种悲欢离合，而以大团圆终场。悲欢离合总得不同寻常，那大团圆才足奇。小说本来起于民间，起于农民和小市民之间。在封建社会里，农民和小市民是受着重重压迫的，他们没有多少自由，却有做白日梦的自由。他们寄托他们的希望于超现实的神仙、神仙化的武侠，以及望之若神的上层社会的才子佳人；他们希望有朝一日自己会变成了这样的人物。这自然是不能实现的奇迹，可是能够给他们安慰、趣味和快感。他们要大团圆，正因为他们一辈子是难得大团圆的，奇情也正是常情啊。他们同情故事中的人物，"设身处地"地"替古人担忧"，这也因为事奇人奇的缘故。过去的小说似乎始终没有完全移交到士大夫的手里。士大夫读小说，只是看闲书，就是作小说，也只是游戏文章，总而言之，消遣而已。他们得化装为小市民来欣赏，来写作；在他们看，小说奇于事实，只是一种玩意儿，所以不能认真、严肃，只是消遣而已。

封建社会渐渐垮了，"五四"时代出现了个人，出现了自我，同时成立了新文学。新文学提高了文学的地位；文学也给人知识，也教给人怎样做人，不是做别人的，而是做自己的人。可是这时候写作新文学和阅读新文学的，只是那变了质的下降的士和那变了质的上升的农民和小市民混合成的知识阶级，别的人是不愿来或不能来参加的。而新文学跟过去的诗文和小说不同之处，就在它是认真地负着使命。早期的反封建也罢，后来的反帝国主义也罢，写实的也罢，浪漫的和感伤的也罢，文学作品总是一本正经地在表现着并且批评着生活。这么着文学扬弃了消遣的气氛，回到了严肃——古代贵族的文学如《诗经》，倒本来是严肃的。这负着严肃的使命的文学，自然不再注重"传奇"，不再注重趣味和快感，读起来也得正襟危坐，跟读经典差不多，不能再那么马马虎虎、随随便便的。但是究竟是形象化的，诉诸情感的，跟经典以冰冷的抽象的理智的教训为主不同，又是现代的白话，没有那些语言的和历史的问题，所以还能够吸引许多读者自动去读。不过教人"百读不厌"甚至教人想去重读一遍的作用，的确是很少了。

新诗或白话诗，和白话文，都脱离了那多多少少带着人工的、音乐的声调，而用着接近说话的声调。喜欢古诗、律诗和骈文、古文的失望了，他们尤其反对这不能吟诵的白话新诗；因为诗出于歌，一直不曾跟音乐完全分家，他们是不愿扬弃这个传统的。然而诗终于转到意义中心的阶段了。古代的音乐是一种说话，所谓"乐语"，后来的音乐独立发展，变成"好听"为主了。现在的诗既负上自觉的使命，它得说出人人心中所欲言而不能言的，自然就不注重音乐而注重意义了。——一方面音乐大概也在渐渐注重意义，回到说话罢？——字面儿的影像还是用得着，不过一般地看起来，影像本身，不论是鲜明的，朦胧的，可以独立地诉诸感觉的，是不够吸引人了；影像如果必需得用，就要配合全诗的各部分完成那中心的意义，说出那要说的话。在这动乱时代，人们着急要说话，因为要说的话实在太多。小说也不注重故事或情节了，它的使命比诗更见分明。它可以不靠描写，只靠对话，说出所要说的。这里面神仙、武侠、才子、佳人，都不大出现了，偶然出现，也得打扮成平常人；是的，这时代的小说的人物，主要的是些平常人了，这是平民世纪啊。至于文，长篇议论文发展了工具性，让人们更如意地也更精密地说出他们的话，但是这已经成为诉诸理性的了。诉诸情感的是那发展在后的小品散文，就是那标榜"生活的艺术"，抒写"身边琐事"的。这倒是回到趣味中心，企图着教人"百读不厌"的，确乎也风行过一时。然而时代太紧张了，不容许人们那么悠闲；大家嫌小品文近乎所谓"软性"，丢下了它去找那"硬性"的东西。

文艺作品的读者变了质了，作品本身也变了质了，意义和使命压下了趣味，认识和行动压下了快感。这也许就是所谓"硬"的解释。"硬性"的作品得一本正经地读，自然就不容易让人"爱不释手""百读不厌"。于是"百读不厌"就不成其为评价的标准了，至少不成其为主要的标准了。但是文艺是欣赏的对象，它究竟是形象化的，诉诸情感的，怎么"硬"也不能"硬"到和论文或公式一样。诗虽然不必再讲那带几分机械性的声调，却不能不讲节奏，说话不也有轻重高低快慢吗？节奏合式，才能集中，才能够高度集中。文也有文的节奏，配合着意义使意义集中。小说是不注重故事或情节了，但也总得有些契机来表现生活和批评它；这些契机得费心思去选择和配合，才能够将那要说的话，要传达的意义，完整地说出来，传达出来。集中了的完整了的意义，才见出情感，才让人乐意接受，"欣赏"就是"乐意接受"的意思。能够这样让人欣赏的作品是好的，是否"百读不厌"，可以不论。在这种情形之下，笔者同意:《李有才板话》即使没有人想重读一遍，也不减少它的价值、它的好。

但是在我们的现代文艺里，让人"百读不厌"的作品也是有的。例如鲁迅先生的《阿Q正传》，茅盾先生的《幻灭》《动摇》《追求》三部曲，笔者都读过不止一回，想来读过不止一回的人该不少罢。在笔者本人，大概是《阿Q正传》里的幽默和三部曲里的几个女性吸引住了我。这几个作品的好已经定论，它们的意义和使命大家也都熟悉，这里说的只是它们让笔者"百读不厌"的因素。《阿Q正传》主要的作用不在幽默，那三部曲的主要作用也不在铸造几个女性，但是这些却可能产生让人"百读不厌"的趣味。这种趣味虽然不是必要的，却也可以增加作品的力量。不过这里的幽默绝不是油滑的、无聊的，也绝不是为幽默而幽默，而女性也决不就是色情，这个界限是得弄清楚的。抗战期中，文艺作品尤其是小说的读众大大地增加了。增加的多半是小市民的读者，他们要求消遣，要求趣味和快感。扩大了的读众，有着这样的要求也是很自然的。长篇小说的流行就是这个要求的反映，因为篇幅长，故事就长，情节就多，趣味也就丰富了。这可以促进长篇小说的发展，倒是很好的。可是有些作者却因为这样的要求，忘记了自己的边界，放纵到色情上，以及粗劣的笑料上，去吸引读众，这只是迎合低级趣味。而读者贪读这一类低级的软性的作品，也只是沉溺，说不上"百读不厌"。"百读不厌"究竟是个赞词或评语，虽然以趣味为主，总要是纯正的趣味才说得上的。

感悟分享

朱自清（1898~1948），原名自华，号实秋，后改名自清，字佩弦。原籍浙江绍兴，中国现代散文家、诗人、学者、民主战士。大凡有过中学教育背景的人，都会对朱自清先生的散文名篇《春》《背影》《荷塘月色》耳熟能详。朱自清先生除了在文学方面的成就之外，对于语文教育也有诸多评述。

《论百读不厌》这篇文章针对"百读不厌"这个核心，旁征博引，广泛、深入地进行了论述。文中观点对我们今天指导学生阅读很有启示，值得我们思考。

朱自清先生说："经典给人知识，教给人怎样做人，其中有许多语言的、历史的、修养的课题，有许多注解，此外还有许多相关的考证，读上百遍，也未必能够处处贯通，教人多读是有道理的。"这其中既涉及经典的作用，也涉及经典的标准问题：什么样的作品才能称得上是经典？很显然，应该是那些能带给人知识、教给人做人的作品。目前，我们经常可以看到各种给学生的推荐书目，这些推荐书目良莠不齐。很多时候，推荐者自己也没有读过所推荐的书，就推荐给学生了。

曾经看到一本儿童读物中讲了这样一个小故事：小熊过生日的时候，好多小朋友都来参加小熊的生日会。可是，吃蛋糕的时候，有一位小朋友不见了。到底是谁不见了呢？原来，是小鸡不见了。小熊把前来庆祝生日的好朋友小鸡给炖了，做成了一道菜……这样的作品推荐给孩子们读，非但无益，反而有害！我们所推荐给孩子们的应该是那些能够经得起时间的沉淀和世人检验的作品，应该是对学生获取知识、做人做事有帮助的作品。

朱自清先生还谈到，"诵读经典是为了知识，为了教训，得认真、严肃、正襟危坐地读，不像读诗文和小说可以马马虎虎的，随随便便的，在床上，在火车轮船上都成"。从中我们可以看出先生对于经典的敬畏。据说鲁迅先生看书的时候，总是把桌子擦得干干净净，看看手指脏不脏。脏桌子上是不放书的，脏手是不翻书的。这种对经典、对书籍的敬畏之心是值得我们学习的。作为教师，我们应该时刻教育学生要心存敬畏。不仅仅是敬畏经典，对于生命、对于大自然乃至世间万物，都应该心怀敬畏！

文章最后，作者又回到"百读不厌"这个话题上面："百读不厌"究竟是个赞词或是评语，虽然以趣味为主，总要是纯正的趣味才说得上的。我想，这里提到的"纯正的趣味"应该是和"低级趣味"相对比的吧。引导学生接近"纯正的趣味"应该是教师的一份责任吧！

（本文登载于 2020 年第 8 期《新课程教学》）

推荐阅读：《古文学的欣赏》

原文

新文学运动开始的时候，胡适之先生宣布"古文"是"死文学"，给它撞丧钟，发讣闻。所谓"古文"，包括正宗的古文学。他是教人不必再作古文，却显然没有教人不必阅读和欣赏古文学。可是那时提倡新文化运动的人如吴稚晖、钱玄同两位先生，却教人将线装书丢在茅厕里。后来有过一回"骸骨的迷恋"的讨论，也是反对作旧诗，不是反对读旧诗。但是两回反对读经运动却是反对"读"的。反对读经，其实是反对礼教，反对封建思想；因为主张读经的人是主张传道给青年人，而他们心目中的道大概不离乎礼教，不离乎封建思想。强迫中小学生读经没有成为事实，却改了选读古书，为的了解"固有文化"。为了解固有文化而选读古书，似乎是国民分内的事，所以大家没有说话。可是后来有了"本位文化"论，引起许多人的反感；本位文化论跟早年的保存国粹论同而不同，这不是残余的而是新兴的反动势力。这激起许多人，特别是青年人，反对读古书。

可是另一方面，在本位文化论之前有过一段关于"文学遗产"的讨论。讨论的主旨是如何接受文学遗产，倒不是扬弃它；自然，讨论到"如何"接受，也不免有所分别扬弃的。讨论似乎没有多少具体的结果，但是"批判的接受"这个广泛的原则，大家好像都承认。接着还有一回范围较小，性质相近的讨论。

那是关于《庄子》和《文选》的。说《庄子》和《文选》的词汇可以帮助语体文的写作，的确有些不切实际。接受文学遗产若从"作"的一面看，似乎只有写作的态度可以直接供我们参考，至于篇章字句，文言语体各有标准，我们尽可以比较研究，却不能直接学习。因此许多大中学生厌弃教本里的文言，认为无益于写作；他们反对读古书，这也是主要的原因之一。但是流行的作文法、修辞学、文学概论这些书，举例说明，往往古今中外兼容并包；青年人对这些书里的"古文今解"倒是津津有味地读着，并不厌弃似的。

说到古今中外，我们自然想到翻译的外国文学。从新文学运动以来，语体翻译的外国作品数目不少，其中近代作品占多数；这几年更集中于现代作品，尤其是苏联的。但是希腊、罗马的古典，也有人译，有人读，直到最近都如此。莎士比亚至少也有两种译本。可见一般读者(自然是青年人多)，对外国的古典也在爱好着。可见只要能够让他们接近，他们似乎是愿意接受文学遗产的，不论中外。而事实上外国的古典倒容易接近些。有些青年人以为古书古文学里的生活跟现代隔得太远，远得渺渺茫茫的，所以他们不能也不愿接受那些。但是外国古典该隔得更远了，怎么事实上倒反容易接受些呢？我想从头来说起，古人所谓"人情不相远"是有道理的。尽管社会组织不一样，尽管意识形态不一样，人情总还有不相远的地方。喜怒哀乐爱恶欲总还是喜怒哀乐爱恶欲，虽然对象不尽同，表现也不尽同。对象和表现的不同，由于风俗习惯的不同；风俗习惯的不同，由于地理环境和社会组织的不同。使我们跟古代跟外国隔得远的，就是这种种风俗习惯；而使我们跟古文学跟外国文学隔得远的尤其是可以算作风俗习惯的一环的语言文字。语体翻译的外国文学打通了这一关，所以倒比古文学容易接受些。

人情或人性不相远，而历史是连续的，这才说得上接受古文学。但是这是现代，我们有我们的立场。得弄清楚自己的立场，再弄清楚古文学的立场，所谓"知己知彼"，然后才能分别出哪些是该扬弃的，哪些是该保留的。弄清楚立场就是清算，也就是批判；"批判的接受"就是一面接受着，一面批判着。自己有立场，却并不妨碍了解或认识古文学，因为一面可以设身处地为古人着想，一面还是可以回到自己立场上批判的。这"设身处地"是欣赏的重要的关键，也就是所谓"感情移入"。个人生活在群体中，多少能够体会别人，多少能够为别人着想。关心朋友，关心大众，恕道和同情，都由于设身处地为别人着想；甚至"替古人担忧"也由于此。演戏，看戏，一是设身处地的演出，一是设身处地的看入。做人不要做坏人，做戏有时候却得做坏人。看戏恨坏人，有的人竟会丢石子甚至动手去打那戏台上的坏人。打起来确是过了分，然而不能不算是欣赏那坏人做得好，好得教这种看戏的忘了"我"。这种忘了"我"的人显然没有在批判着。有批判力的就不致如此，他们欣赏着，一面常常回到自己，自己的立场。欣赏跟行动分得开，欣赏有时可以影响行动，有时可以不影响，自己有分寸，做得主，就不至于糊涂了。读了武侠小说就结伴上峨眉山，的确是糊涂。所以培养欣赏力同时得培养批判力：不然，"有毒的"东西就太多了。然而青年人不愿意接受有些古书和古文学，倒不一定是怕那"毒"，他们的第一难关还是语言文字。

打通了语言文字这一关，欣赏古文学的就不会少，虽然不会赶上欣赏现代文学的多。语体翻译的外国古典可以为证。语体的旧小说如《水浒传》《西游记》《红楼梦》《儒林外史》，现在的读者大概比二三十年前要减少了，但是还拥有相当广大的读众。

这些人欣赏打虎的武松，焚稿的林黛玉，却一般的未必崇拜武松，尤其未必崇拜林黛玉。他们欣赏武松的勇气和林黛玉的痴情，却嫌武松无知识，林黛玉不健康。欣赏跟崇拜也是分得开的。欣赏是情感的操练，可以增加情感的广度、深度，也可以增加高度。欣赏的对象或古或今，或中或外，影响行动或浅或深，但是那影响总是间接的，直接的影响是在情感上。有些行动固然可以直接影响情感，但是欣赏的机会似乎更容易得到些。要培养情感，欣赏的机会越多越好；就文学而论，古今中外越多能欣赏越好。其间古文和外国文学都有一道难关：语言文字。外国文学可用语体翻译，古文学的难关该也不难打通的。

我们得承认古文确是"死文字"，死语言，跟现在的语体或白话不是一种语言。这样看，打通这一关也可以用语体翻译。这办法早就有人用过，现代也还有人用着。记得清末有一部《古文析义》，每篇古文后边有一篇白话的解释，其实就是逐句的翻译。那些翻译够清楚的，虽然啰唆些。但是那只是一部不登大雅之堂的启蒙书，不曾引起人们注意。五四运动以后，整理国故引起了古书今译。顾颉刚先生的《盘庚篇今译》(见《古史辨》)，最先引起我们的注意。他是要打破古书奥妙的气氛，所以将《尚书》里佶屈聱牙的这《盘庚》三篇用语体译出来，让大家看出那"鬼治主义"的把戏。他的翻译很谨严，也够确切；最难得的，又是三篇简洁明畅的白话散文，独立起来看，也有意思。近来郭沫若先生在《由周代农事诗论到周代社会》一文(见《青铜时代》)里翻译了《诗经》的十篇诗，风雅颂都有。他是用来论周代社会的，译文可也都是明畅的素朴的白话散文诗。此外还有将《诗经》《楚辞》和《论语》作为文学来今译的，都是有意义的尝试。这种翻译的难处在乎译者的修养，他要能够了解古文学，批判古文学，还要能够照他所了解与批判的译成艺术性的或有风格的白话。

翻译之外，还有讲解，当然也是用白话。讲解是分析原文的意义并加以批判，跟翻译不同的是以原文为主。笔者在《国文月刊》里写的《古诗十九首集释》，叶绍钧先生和笔者合作的《精读指导举隅》（其中也有语体文的讲解），浦江清先生在《国文月刊》里写的《词的讲解》，都是这种尝试。有些读者嫌讲得太琐碎，有些却愿意细心读下去。还有就是白话注释，更是以读原文为主。这虽然有人试过，如《论语》白话注之类，可只是敷衍旧注，毫无新义，那注文又啰里啰唆的。现在得从头做起，最难的是注文用的白话，现行的语体文里没有这一体，得创作，要简明朴实。选出该注释的词句也不易，有新义更不易。此外还有一条路，可以叫作拟作。谢灵运有《拟魏太子邺中集》，综合地拟写建安诗人，用他们的口气作诗。江淹有《杂拟诗》三十首，也是综合而扼要地分别拟写历代无名的五言诗人，也用他们自己的口气。这是用诗来拟诗。英国麦克士·比罗姆著《圣诞花环》，却以圣诞节为题用散文来综合地扼要地拟写当代各个作家。他写照了各个作家，也写照了自己。我们不妨如法炮制，用白话来尝试。以上四条路都通到古文学的欣赏；我们要接受古代作家文学遗产，就可以从这些路子走近去。

感悟分享

党的十九大报告强调，"全党要更加自觉地增强道路自信、理论自信、制度自信、文化自信"。中华优秀传统文化是"文化自信"的重要组成部分。在日常的教育教学当中，如何引导学生学习优秀古诗文，将文化自信植根于学生的心灵之中？朱自清先生这篇文章或许可以带给我们一些启示。

朱自清先生谈道，"从这里可以看出青年人虽然不愿信古，不愿学古，可是给予适当的帮助，他们却愿意也能够欣赏古文学，这也就是接受文学遗产了"。作为语文教师，我们应该如何为学生提供"适当的帮助"，这是值得思考的。

《礼记》中的"温柔敦厚，诗教也"道出了"诗教"的真谛。其实，不仅诗教如此，对于古典文学都需要这样的"温柔敦厚"。让我们的教学多一些情感的渗透，多一些想象的放飞，多一些思维的碰撞，学生逐渐感受到古典文学的魅力。反之，我们一味板着面孔让学生死读傻背，学生就会对古典文学感到厌烦，甚至恐惧。

朱自清先生在文中还谈道，"人情或人性不相远，而历史是连续的，这才说得上接受古文学。但是这是现代，我们有我们的立场。得弄清楚自己的立场，再弄清楚古文学的立场，所谓'知己知彼'，然后才能分别出那些是该扬弃的，那些是该保留的"。这就进一步提醒我们，教学古文学的时候要从人情或人性角度出发，要考虑历史的延续性。要"设身处地"地欣赏，要"感情移入"。我们的教学要引导学生站在不同的立场上，审视千百年前古人的文化遗产。既可以虚心地接受优秀的文化遗产，也可以保留自己的批判，这是一种辩证的思考。

最后，朱自清先生谈了古文学欣赏的四条路，即翻译、讲解、白话注释和拟作。即使是在当下，这四条路依然是我们进行古文学教学常用的方法。

统编版语文教材主编温儒敏先生说过："'统编本'语文教材的古诗文篇目增加了，小学一年级开始就有古诗，整个小学6个年级12册共选有古诗文129篇，平均每个年级20篇左右，占课文总数的30%左右，比原人教版教材增加很多，增幅达80%左右。"我想：在这种情况下，我们的语文教学更需要从传统的教育经验中汲取智慧，而不是一味"拿来"，照搬"西方"。

近现代的一些语文教育大家在语文教育领域做了诸多的探索，积累了宝贵的经验，值得后辈语文教育工作者借鉴和传承。朱自清先生是其中的代表之一，他的很多探讨语文教育方面的文章值得我们细细品味。

（本文登载于 2020 年第 12 期《新课程教学》）

推荐阅读:《要使知识"活起来"》

原文

先进教师们的经验启示我们:儿童在学习中遇到困难的原因之一,就是知识往往变成了不能移动的重物,知识被积累起来好像是"为了储备",它们"不能进入周转",在日常生活中得不到运用,而首先是无法用来去获取新的知识。

在许多教师的教学和教育工作实践中,形成了这么一种惯例:要求学生掌握知识,就是为了能够正确地回答所提出的问题或者能够完成作业。这种观点迫使教师片面地评价学生的脑力劳动和他们的能力:谁能够把知识储存在记忆里,一旦教师提出要求,就能把它们"倒出来",谁就被认为是有知识、有能力的学生。

这在实践中会导致什么结果呢?结果是知识脱离学生的精神生活,脱离他的智力兴趣。掌握知识变成了毫无乐趣可言的事,变成了为知识而知识。

按我们的观点,只有当知识变成精神生活的因素,吸引人的思想,激发人的兴趣和热情的时候,才能称为真正的知识。这样一条规律性才开始起作用:一个人的知识越多,他获取新的知识就越容易。遗憾的是,在实践中正好相反:学生每过一年,他的学习就变得更为艰难。

从这些事实中能够引出什么样的实际建议呢?

我们应当努力做到,使知识既是最终目的,又是获取新知识

183

的手段或工具。要使知识在学生的脑力劳动中、在集体的精神生活中、在学生之间的相互关系中活起来，在急速发展的、经常不断的精神财富的交流中活起来（没有这种交流，就很难会有完满的、智力的、道德的、情感的、审美的发展）。

为了达到这样的目的，应当具体地做些什么，以及如何去做呢？

在小学里，从教学一开始，词就成为儿童知识的最重要的因素。更确切地说，这就是通过思维和词而表达和反映出来的周围的现实世界。这个世界不断地以其越来越多的、在儿童入学以前所不了解的新方面展现在他的面前。儿童借助观察、借助生动的直观、借助词而在认识的道路上迈出最初的，也许是最大的步伐。如果你不愿意使知识变成没有生命的、不能活动的重物，以免它阻碍儿童在认识的阶梯上继续前进，那么你就要使词成为儿童创作的工具之一。

有经验的教师们在工作中总是遵循这样一个方向：在学生的脑力劳动中占据首位的，不是背诵，而是借助词来进行思考，进行创作，认识客体、事物、现象和周围世界，并且辨识其极细微的差别。

譬如你带领孩子们来到秋天的果园里。这是一个阳光洒满大地的初秋的日子。柔和的阳光温暖着大地，树木穿着各种色彩鲜明的服装。你向孩子们讲述金色的秋天，讲述自然界的一切生物都在准备度过漫长而寒冷的冬季。但是，如果你不注意尽量使词在儿童的头脑和心灵里活起来，那么认识世界的过程就只能是你的思想在儿童头脑里的堆砌，从而把他的头脑变成了知识仓库。当你深信孩子们已经清楚地理解了词、词组的丰富含义和情感色彩以后，你就应该建议他们自己讲述他们所看到和感受到的东西。这时，在你的眼前，就会产生许多关于自然界、关于自然美的令人惊异的精细而鲜明的思想。孩子们说："在蔚蓝色的天空里飘着一朵白云——就像一只白天鹅……"；"啄木鸟敲击着树干，发出清脆的响声……"；"路旁开着一株孤零零的野菊花……"；"鹳鸟用一只腿站在巢边上，向远远的地方瞭望着……它在想什么呢？""一只蝴蝶落在一朵菊花上，它在晒太阳……"

不容置疑，你的思想已经成了儿童创作和情感流露的推动力和源泉，因为你善于在儿童面前打开通往周围世界的窗口。但是儿童在这里并不是重复叙述他们所听到的话；你的词、你的思想在他们的意识里发生了转换。儿童在学习思考，得到一种无可比拟的思维的快感，从认识中得到了享受。

你大概曾经观察到或者至少从同事们那里听到过：儿童有时对教师的话抱着冷漠的态度，怎么也不能打动他，点燃不起他眼睛里的渴求知识的火花。如果在你的课堂上也有这种情况，那确实是值得忧虑的：这种对词的冷漠态度、无动于衷，确实是教学中的一大缺陷。

这种缺陷产生的原因就在于，如果词不是作为创作的手段而活跃在儿童的心灵里，如果儿童只是机械地背诵、接受别人的思想，而不激发自己的思想，不用词把这些思想表达出来，那么，他就会变得对词缺乏理解力。你要像防止最大的危险一样防止这种冷漠态度，防止儿童那种黯然失色的目光。你要把生动的、使人心情激动的词装进儿童的意识。在装进去以后，还得操心，不要使它变成一朵干花，而要像一只离巢飞去的歌鸟，尽情地欣赏周围世界的美。

这条建议实质上涉及的是教学过程的这样一个问题，即把已获得的知识变成掌握新知识的手段，变成思维的工具的问题。

关于学生脑力劳动的积极性问题，人们谈论得很多。但是可能有各不相同的积极性。一个学生背熟了他所读过的东西，虽然并没有完全理解，可是能够流利地回答教师的提问。这也是一种积极性。但是这种积极性不能发展学生的智力并同时加深其知识。我们应当竭尽全力追求思考的积极性，使知识在深刻理解和运用的情况下不断地发展。

许多有经验的教师认为，能够教得使学生借助已经积累的东西而不断地获取新知识，这正是高超的教学技巧。一些有经验的校长在听课和评课的时候，也正是根据学生脑力劳动的这一十分微妙的特征，而对教师的教育技巧来进行评价的。

怎样才能做到使教学成为复杂的思考工作，成为获取知识的活动呢？这里什么是最重要的呢？获取知识——这就意味着发现真理、发现因果联系及其他各种联系。这就意味着解决疑问。你很熟悉，当教室里出现了那种"不懂的地方已很清楚"的迹象时，或者形象地说，当这只鸟降落在教室里的时候，孩子们的眼睛是闪闪地发光的，教室里笼罩着一种特别的、难以比拟的寂静气氛。你要努力做到，使你的孩子们十分明确地理解、感觉到和看到那"不懂的地方"——就是说，使他们面前出现疑问。如果你幸运地做到了这一点，那么事情就成功了一半。

就是说，在备课的时候，正是要用这个观点对教材进行一番思考：要找出那些猛地看起来不易觉察的"交集点"，即各种因果联系、时间联系、机能联系交叉集结的地方，因为疑问正是从这些联系中产生的，而疑问本身就是一种激发求知欲的刺激物。

譬如说你要上《光合作用》这一课。应当使学生们弄懂在植物的绿色叶子里发生着什么变化。这一切都可以讲解得合乎科学的可靠性、理论的系统性和教学论的循序性。但是，即便如此，你的讲解能不能成为使学生积极地获取知识的动力，也还在两可之间。我们的任务就在于:让学生一边感知教材,一边探寻问题的答案,只有这样,知识才会变成有意识地被思考和被理解的东西。

你在思考《光合作用》的教材:各种意义联系相互交织的"交集点"究竟在哪儿呢?最主要的"交集点"就是:无机物怎样变成了有机物。你就在学生面前展开一幅引人入胜的神秘的图画:植物从空气和土壤中吸取无机质,而在自己的复杂的机体里把它们变成有机质。这个构成有机质的过程是怎么一回事呢?在植物机体这个非同寻常的复杂的实验室里,经过阳光的照射,把矿物肥料这种死的东西,变成了饱含汁液的番茄,变成了香气袭人的玫瑰花,究竟是经历了一番什么过程呢?

你要这样讲解教材,以便引导学生去深入地思考这些问题,使每一个学生都为大自然的这些神奇的现象而感到激动不已。

怎样引导学生去接近这些思想呢?你应当知道:你在这节课上,哪些东西是要讲解透彻的,而哪些东西是要有所保留的。这保留下来的东西,就好像是给学生的思维设置的诱饵。这里没有任何适用于一切场合的现成方法。一切都取决于具体教材的内容和学生已经掌握的实际知识。

再接着往下说。譬如,在学生的意识里已经产生了疑问,接着你就要努力做到,从学生原来已经获得的知识的全部储备里,挑选出回答这个问题所必需的知识。这种调动已有的知识来解答不懂的、不清楚的东西的过程,就是获得知识。另外,还要注意使所有的学生都能获得知识。对于那些最消极的和注意力最差的学生,应当用各种方法吸引他们开动脑筋投入到学习中。方法之一就是布置题目让他们独立学习。当他们把不理解的地方找出来以后,就可以进一步建议他们:把所有的这一切仔细地想一想,要精力集中,把自己的思路用笔写下来。

常有这样的情况，就是引导学生接触到问题以后，由你自己来讲解教材。为了使学生在这样的情况下也能积极地投入学习，你就应当清楚地了解每一个学生的知识水平：有的学生知识水平高些，有的就低些；有的学生能牢记学过的东西，有的就忘掉了一些。正是在这里，你要当好学生脑力劳动的指导者，使每一个学生在仔细听你讲解的时候，能够跟着你的思路走，并且同时在自己的知识仓库里找出自己所保存的东西。如果在预定应当保存着知识的地方是个空白点，如果有的学生已经迷失了你讲课的思路，那就必须用补充的讲解来填补这个空白。这是需要有很高的技巧的。你要能够看得出：正是现在，在这一瞬间，有的人已经"断了线路"；你要能立刻就回想起，学生忘掉的可能是什么知识，听不懂教材的原因在哪里。常见的做法是，在这个时刻，你要想取得"反馈信息"，可以提个问题，让学生用一句话或者几句话简短地回答一下，你就可以清楚地知道，个别学生发生了什么困难，以及怎样帮助他们去克服这些困难了。

在讲课过程中，有经验的教师正是在那些各种思想相互交叉、纠缠、碰头的"交集点"上，即意义联系的地方，特别注意监视学生的脑力劳动。正是在这些理解教材道路上的"监督点"上，教师应当以这样或那样的方式进行检查：我是否把要给予他们的全部东西，都带到了这个点上？当我教给学生新知识的时候，他们是从"知识仓库"的哪些角落里提取和利用自己的储备的？在这些"监督点"上进行检查，是使学生积极地获取知识的重要前提。根据所学教材的具体内容，这种检查可以用各种方法来进行：提出问题，要求学生做概括性的回答，布置短小（1~2 分钟）的实际作业等。

如果已经查明有的学生在有些地方没有弄懂，有经验的教师并不会重新从头讲起,而是在前面的"监督点"上去寻找"可疑点",找到以后,再提出问题,以便使学生可以自己去抓住断掉的思路,使他们想起那些妨碍理解新教材的东西。

当教师叙述、讲解教材的时候,以及乍看起来似乎学生并没有积极活动的时候,也能让学生积极地获取知识——这是我们的教学实践中最复杂的问题之一。

感悟分享

B.A.苏霍姆林斯基(1918~1970),苏联著名教育实践家和教育理论家。他从17岁开始投身教育工作,直到逝世,在国内外享有盛誉。为了解决中小学的实际问题,切实提高教育、教学质量,他专为中小学教师写了一本《给教师的一百条建议》。《要使知识"活起来"》这篇文章就是书中的第51条建议。

苏霍姆林斯基开篇即谈道:"先进教师们的经验告诉我们,儿童在学习中遇到困难的原因之一,就是知识往往变成了不能移动的重物,知识被积累起来似乎是'为了储备',它们'不能进入周转',在日常生活中得不到运用,而首先是不能用来去获取新的知识。"由此可见,知识的运用是非常重要的。因此,他建议"应当努力做到,使知识既是最终目的,又是获取新知识的手段或工具"。同时,他还谈道,"许多有经验的教师认为,能够教得使学生借助已经积累的东西而不断地获取知识,这正是高度的教学技巧之所在"。在日常的教学过程中,如果我们仅仅把学生看作一个接收知识的容器,学生所获得的知识就是"死"的;反之,如果我们把学生看作主动探究者,就会引导学生在原有知识的基础上不断探求新的知识,知识就会在学生的脑海中"活"起来。

在备课的过程中，"要找出那些乍看起来不易觉察的'交集点'，即各种因果联系、时间联系、机能联系交叉集结的地方，因为疑问正是从这些联系中产生的，而疑问本身就是一种激发求知愿望的刺激物"。这就需要在日常的备课过程中，教师们要有整体的眼光，要有联系的意识。从整体着眼，前勾后连，才能发现知识内在的"交集点"。例如，在语文备课过程中，教师就要有意识地思考："我所教的内容在单元中处于什么位置，它和其他知识前后的联系是什么？教学这样的内容对学生以后的成长有什么作用？"只有不断进行这样的整体思考和关联思考，才能更好地让"教"为"学"服务！

另外，在教学的过程中，还"应当清楚地了解每一个学生的知识水平"。这就需要教师认真研究学生，探析学情，既要通过各种方式了解学生的认知起点，又要在教学过程中随时把握学生的动态学情，随时调整自己的教学思路。当然，了解学情的手段是多样的，可以在课前通过前测进行了解，也可以在课中通过观察、提问等方式了解，还可以在课后通过作业访谈、测验等方式进行了解，这都是为了准确地把握学生认知难点，更加精准地施教。

总之，知识能否真正在学生的脑海中"活起来"，教师的作用是至关重要的。阅读苏霍姆林斯基的《要使知识"活起来"》这篇文章，可以带给教师们更多的启示！如果重读《给教师的一百条建议》，相信带给我们的收获会更大！

（本文登载于2020年第11期《新课程教学》）

行走之思

倡导以"学"为中心的课堂教学观察
——赴英国学习总结

2014年3月2日至3月13日，在海淀进修学校阎老师的带领下，我们一行16人赴英国伦敦开展了为期12天的学习。这一段学习经历中最使我难忘的是英国基础教育中对于学生的关注。下面结合具体的学习收获谈一谈自己的工作改进。

一、关注"学"的教学评估

英国教育监察体制很严格，学校及教师很害怕英国国家教育监察局。通过英国卓越校长威廉姆爵士的介绍，我们了解到了英国教育质量评估的内涵。

他在培训中谈道，一个好的成功的课堂，教师和学生之间要有共识。

教师讲多长时间，学生问问题问多长时间，学生合作学习多长时间，作为一个学校领导者，校长应该和全校教师有一个共识。怎样提高学校和班级的教学质量？要经常听课，让教师知道向哪个方面努力，教学质量才能够提高。他们评估教师有四个级别（不合格、合格、优秀、卓越），让教师知道自己的级别才有努力的方向。听课、监察这种控制必须要有，否则这个班级就危险了。如果一个教师被评为不合格，学校就要采取行动，这是一个危险的信号。学校会对其警告、开除。

他们认为，好的教学是能够开展分层教学，针对不同起点的教学（自学、助教帮助、教师帮助最差的同学）；目标非常明确，教学过程始终有检查项目；保证每个学生都听懂，都能跟上教学目标。

英国的教学标准包含以下几个方面。

内容方面：

1. 教师不一定得讲所有内容。不是只有教师教，而是师生、生生共同学；

2. 应有教师助理帮助学生；

3. 学生注意力集中后再学；

4. 教师应推广道德、伦理等方面的教育；

5. 留作业、评估作业、反馈作业的相关标准。

6. 是否围绕教学大纲教学。

教学有效性的因素：

1. 必须与学生有互动；

2. 教师如何推广基本学科的基本知识；

3. 随时随地检查学生是否真正掌握；

4. 提问题的艺术性；

5. 给学生打分是鼓励学生最好的方法；

6. 渗透下节课的知识；

7. 对每个学生都有不同的期望值；

8. 对本学科的知识很广博；

9. 所有老师都应创设积极的教与学。

从以上的教学标准中可以看出，更多的层面是指向学生的，是在关注学生学习的情况。教是为学服务的，这在英国的教学标准中体现得非常清晰。而英国的课堂教学观察正是指向每一个学生的成长的，这一点是显而易见的。

二、关注每一名学生的课堂

在听课过程中，我感受最深的是英国课堂对学生的关注。课上没有花里胡哨的课件，只有朴实无华的对每一个生命的关注。

这是一节数学课，主要讲了图形在坐标中的平移问题。教师讲完重点内容后，学生开始练习，教师在教室中巡视，时刻关注学生中有困难的同学，助教也是来回巡视，不时指导。科学课上，则是将学生分为三组：一组为不需要教师辅导就可以独立学习的；一组由助教全程陪伴，是学习能力较弱一些的同学；还有一组处于这二者之间，则被安排在最前排，由讲课教师在上课过程中随时进行点拨与提醒。信息技术课上，教师重点关注的是两位来自埃及的同学，这两位同学一个多月前转来英国上学，英语水平较低，因此，教师在学生操作计算机时重点关注他们两位。在另一间教室里，还看到一位助教正在对一位学习有困难的同学进行单独辅导。

以上现象让我感受到了英国课堂上助教和教师的作用，他们关注的是最需要帮助的同学，是学生到底学会了没有，如果没有学会则重点予以指导，不让一名学生掉队。而对于生命个体的尊重恰巧是我们国内教育所欠缺的，我们更习惯于大拨儿轰，在我们的眼中更多的是只见 "林" 不见 "木"，这种教育造成的是表面的繁荣，而具体个体甚至于有萎缩、干枯的现象。

在英国，这样的课堂比比皆是，无不体现出教师对学生的关注。

三、学习后的反思与改进

英国基础教育中值得学习的很多，从以上两点我们不难看出：无论是英国教育管理机构（教育监察机关），还是英国学校具体操作层面的教师，都是把学生放在第一位的。他们关注的焦点都是每一名学生的成长与进步，上下的思路是一致的，要让每一名学生都能进步。为保证课堂教学观察的有效性，英国的观课过程特别强调要记录观察，将教学与成果连接起来，寻找教学、学习和产生的成果之间的连接，如教学情境是怎样的？对学习质量和产生的结果有什么影响？从而指出教学过程的优势并且考虑可以进一步发展的地方。这种观察是以学生为本的一种观察。

与此相应，我们的课堂观察也经过一个从观教师向观学生、从观如何教到观如何学的转变，具有比较明确的学生主体意识，并且关注到了学生群体之间的合作互动、学生自主意识的培养、以课堂教学资源分配为核心的教育公平等问题。以我校的课堂教学标准为例，主要设置了学习目标、学习过程、课堂氛围、学习效果等多个评价项目，并以学生学习需求、学生参与度、多样化的课堂学习方式、和谐的课堂学习氛围、学生成就的提高等内容为标准设计了相应的评价要点。

中关村一小课堂教学标准

项　目	要　点
学习目标	（1）符合学生实际情况及课标相关要求，明确、具体、可操作。
学习过程	（2）学生参与自主学习时间不少于 10 分钟。
	（3）课堂学习方式多样，人人都参与到学习活动中。
	（4）教师的教学语言易于学生理解，有激励性、启发性；学生能够得到充分的激励与启发。
	（5）教师能依据学生学习情况有效调控课堂，学生学习过程中产生的兴趣点和困难点能得到有效关注。
	（6）学生有质疑意识，能提出有价值的问题，能发表独到见解，并能够互相补充。
	（7）学生会协作、会分享。
课堂氛围	（8）宽松融洽、活跃有序、平等尊重。
学习效果	（9）每个学生都能够有不同程度的提高。
	（10）学生体验到成功的快乐，愿意进一步学习。

在此基础上，我们还设计了以提问思考时间与问题设计、小组伙伴活动、课堂评价、发言情况、教师站位及行走路线、生成性资源调控、学生自学自读自悟时间、学生倾听等内容为关注点的 8 套课堂观察量表。

可以看出，我校的课堂教学标准和课堂观察量表有着比较明确的学生主体观，且能够从学生学习的维度出发，以学生的学习过程和效果作为课堂评价的着力点，这对于改进教师的教学，促进学生的学习，帮助学校管理者进行有效决策和评价具有比较明显的作用。不足之处在于缺乏证据的收集和分析，且持续观察的意识有待于加强，导致的结果是无证据的推论和无跟踪的研究。如此，课堂观察表就很容易流于形式，课堂教学标准更是难以落实到教育教学实践中。

对此，我们首先应该继续坚持课堂观察以学生的学习成就为最终目标，围绕学校的课堂评价标准和课堂观察表，强化对证据收集的过程和持续观察的研究。其中，证据可以从以下渠道中取得：观课前，可从任课教师手中获得学生的学习成就和评估记录，听取任课教师对于听课内容的基本陈述，对学生和教师进行问卷调查和访谈；观课中，注意观察学习目标的呈现是否明确，是否每个学生都有适合自己能力的学习目标，教学活动的设计是否满足了学生的学习需求，学生的参与度和热情是否较高等；观课后，对学生作业进行小样本抽查，与学生、教师就相关问题进行交谈，衡量学生是否达到国家规定的课程标准等。

其次，针对持续观察，可以逐渐形成课前会议（了解学生基本情况、座位方位、课题内容等）、课中观察（使用课堂观察表作为工具）、课后反馈（总结反馈，形成观察报告、自我反思报告，并制订后续行动跟进方案）的专业课堂观察机制。

根据以上分析，我们针对我校课堂观察表（发言情况）进行改进，初步形成课堂观察表和跟踪观察表两个量表，以补充证据收集和持续观察不足的现状。

与原始课堂观察表相比，修改之后的课堂观察表增加了对于特殊教育学生的关注，明确了观察内容与具体教育情境之间的联系，并强调证据收集与分析的记录过程，强化了教师根据证据和数据分析进行评估，得出观察结论的科研意识。表末增加"预约下次观课时间"项目，强化了教师持续跟踪观察的意识。总体而言，新的课堂观察表强化了证据收集和持续观察这两个核心要素，期望通过扎实有效的持续课堂观察，改善教师的教学行为，进而提高学生的学习成就。

据此，学校将开展一系列行动研究。学校管理者和研究人员将在强调证据收集和持续观察的基础上，从团队合作的角度进一步改进和完善新的课堂观察表和持续跟踪表，并提供质性研究和量化研究方法的支持与指导；教师将在学校科研人员的指导下，有效理解并使用课堂观察表进行教学研究；学生将在教师指导下，加强对自身学习目标和学习方法的理解与掌握。

尽管中、英两国的课堂观察都强调人本思想，强调教育立足于学生主体地位和个性发展，然而差距还是显而易见的。与中国教育重理论、轻实践的特点相比，英国教育更注重知行合一，学校能够切实将"每个孩子都重要"这一理念作为学校教育教学工作最基本的目标与任务，并落实到教育教学实践的每一个环节。这启示学校管理者应该学习他们的实践关怀精神，树立重理念更重实践的态度，强化将理念有效应用到行动的意识，实现理念与实践的真正结合。

与此相应，西方教育管理理念也渗透着浓厚的人本思想，学校管理不仅关注学校组织目标与教职工利益的一致性，更强调把学校愿景与学生发展目标统一起来。这启示我们在今后的学校教育教学管理中，要更加倡导支持、民主、开放、包容的学校管理环境，使教师感到被尊重、受重视，激发教师创造出更多适合于学生成长的学习方法，鼓励教师切实进行教学改革与创新。

从本质上看，英国教育所强调的"每个孩子都重要"与我校"做最好的我"的核心价值选择有其相通之处，两者都强调每一个人都是独特的，每一个人都是重要的，每一个人都是发展的。

探索并学习英国先进教学理念与实践背后的人本思想，在今后的教育教学实践中，我们将进一步倡导每一个人都做最好的我，发挥教师的独特性和创造性，更多地为学生成长提供支架；发挥学生的主体性和探究精神，更多地为自我成长拓宽视野；发挥家长的积极性和主动性，更多地为学生进步提供支持性环境。

因此，在研究课堂教学观察的基础上，我将持续关注教学过程中的其他要素，引领、指导学校教师团队继续开展有针对性的课堂教学研究，提高教师教学研究水平，形成教学思想，孕育教学文化，让教学之树长青！

他山攻错

——新加坡之行漫谈

寒假之初，我们一行 16 人带着领导的信任和嘱托，远赴新加坡，进行了为期 5 天的学习和交流活动。在此期间，我们参观访问了南洋小学和南华小学，接触到了新加坡的教师和学生，聆听了新加坡师生的课堂教学，感受到了新加坡教育的人文与和谐，看到了新加坡校园的整洁与优美。此次新加坡之行，感受是多方面的，同时，也是比较肤浅的。《诗经》中讲，"他山之石，可以为错"，如果我的漫谈能够与您的心灵之弦共鸣，奏出美妙的乐章，那么，我将会非常高兴。下面，我从以下几个方面来向大家汇报。

一、从宏观上感受新加坡教育

（一）新加坡教育制度的演变

1. 以生存为主导（1959~1978），在这个阶段所做的主要工作是推行普及教育，建立一个完善的国家教育体系，实施双语教育政策，实行宣读信约、升旗仪式。

2. 以效益为主导（1979~1996），在这个阶段所做的主要工作是实施按能力分流制度，扩展大专教育，强调卓越教育（自主学校、自治学校）。

3. 以能力为主导（1997~目前），在这个阶段所做的主要工作是教育更加多元化，创造以学习者为中心的学校环境，提供具有前瞻性与均衡性的课程，培养高素质的教育服务团队，追求卓越行政，发展高素质的高等教育，推动新加坡发展成为教育中心。

（二）新加坡教育的愿景、使命等

愿景：重思考的学校，爱学习的国民

使命：塑造新加坡的未来

教育目标：培育人才和充分发挥个人的潜能，为所有学生提供至少十年的通识教育。

理想教育成果：培育学生的道德观念、智力、体力、社交能力、审美能力（尤其重视社交能力的培养）。新加坡的教育强调因材施教、发挥所长，鼓励跨学科学习，重视培养团队精神，鼓励学生勇于开拓、勇于尝试、不怕失败，培养创新创业精神，树立正确的世界观，展望世界，开拓视野。

主要战略方针：侧重培养思考能力、应用资讯科技，重视国民教育，推行卓越行政。

面对未来的策略：更具灵活性与多元性的教育体制，推行宽基础教学与全面教育，倡导少教多学，推崇学习的自发性与独立性。

在新加坡，教育投资占国民总产值的4%，教育预算65亿新元，仅次于国防。新加坡的国家口号是：小国办大事！

二、从细微处感受新加坡教育

（一）关注师生需求的教育

1. 尊重差异，因材施教，满足学生需求

我们在参观南洋小学和南华小学的时候，都曾经看到过这样的教室：教室布置十分漂亮，室内装饰从地面到天花板再到四周的墙壁，都独具特色，温馨和谐。经过了解，我们得知，这是专门为期待成功的学生准备的教室。在实际的教学中，教师和家长都不回避学生在学业上的差距。在正视他们差距的情况下尽全力在教学上向"差生"倾斜。对于一些学习较差的学生，他们在这样的教室中专门施教，在教学内容和教师的选择上进行适当调整，尽最大可能选派富有经验的教师任教。孩子们在这样的环境中学得很愉快。因为从他们阳光般的笑脸上，我真的找不到他们"差"的痕迹。新加坡的分层次教学之所以能够得到家长认可，很重要的原因是这样的教育给了学生最适合、最人文的关怀。

2. 方方面面，细致入微，满足学生需求

在南洋小学参观的过程中，我们看了有关学校介绍的光盘。这样的光盘在国内的很多学校都有，我也看过很多这样的光盘资料，光盘的介绍者都是成人，光盘的内容也是侧重于学校的荣誉等。但这次的光盘与众不同，光盘中的主角是学生，是不同的学生以小主人的身份来向大家介绍学校，介绍自己所参加的各种有意义的活动。学生们脸上洋溢着自信、自豪。

漫步校园，随处可见独具匠心的设计。你可以看到，学校的每一处设计，都在努力服务于学生。南洋小学有令人难忘的绘画墙，南华小学有丰富多彩的文学墙、历史墙、校史墙。有可供学生展示的小舞台，有休息时间的音乐会，有小厨师才艺展示等。看似普通的一笔，却别具一格，匠心独运。南洋小学会场的台阶上有校训，南华小学楼梯的台阶上有各种警示语。南华小学门口专门为学生设有可供休息的长椅和生态园，园里种植着各种植物，养着各色金鱼，为学生营造了亲近自然的环境。每间教室外都可以见到储物橱，学生可以放书包和其他用品，学校各处都展示有学生的手工作品，不一定很精致，但都是学生们亲手所做。每一个细节都向我们传递着这样的信息：我们做的每一件事，都是为了满足学生的需求。

3. 立足教师需求的培训

在与南洋小学负责管理的罗副校长的交流中，我们了解到，学校在教师培训方面，以解决教学问题为主要培训目标，有点类似于我们的校本培训。每学年初制定全校教师培训课程的步骤。首先要进行培训需求的分析，包括两个方面，即科目主任对学科教师的专业需求分析；教师个人对培训需求的分析。第一方面的培训需求主要通过课堂观察、教学常规检查、教研组共同讨论以及从考试中发现的问题等方面来确定。第二方面的培训需求主要通过教师本人针对过去一年的教学情况，在学校制定的培训课程内容方面做出自己的选择。分析自己的需求是否与学校经过多种渠道了解分析之后的需求相吻合，从中选择最适合自己的培训课程。

培训的课程内容大多与自己的教学和专业有关，此外，还设立其他相应的课程，比如沟通技巧、理解自己与他人、良好的学习态度等切合教师本身的培训课程。聘请的培训人员大部分是学校科目主任，还有资深的高级教师，有时还会外请与课程相关的高校教师等。培训课程灵活多样，以解决相关问题为主。培训内容大部分是案例，有一些类似于我们平时说的行动研究法。通过鲜活的案例分析，解决教师工作中的实际问题。年末，还要对培训情况进行评估和总结。

相比较国内的教师培训，新加坡的教师培训更加注重教师的实际需求，从解决实际问题入手，理论联系实际更紧密。培训更成体系，有相关的制度作为保障。他们在培训中的计划性、系统性、实用性、有效性以及方式的多样性等方面很值得我们学习。

正如南洋小学王梅凤校长所讲，在南小这个大家庭中，每个成员都是重要的个体，学校争取机会发掘每个人的才能，无论是学生还是教职员，都希望他们在南小这片土地上茁壮成长！

（二）注重传统文化的教育

无论是参观新加坡学校，还是漫步新加坡城市街头，都能够感受到新加坡对于中华传统文化的重视。

从南洋小学和南华小学的校训我们不难看出他们对于传统道德的推崇和尊重。南洋小学算得上是新加坡一流的小学了，现任总理李显龙曾就读于这所名校。他们的校训是"勤、慎、端、朴"。南华小学的校训是"忠、孝、仁、爱、礼、仪、廉、耻"。细细品味一下，可以感受到校训中蕴含的儒家思想精髓，也可以感受到校训折射出的传统文化的光芒。

在学校的课程设置上，有武术、中国象棋、（华乐）民族乐器、书法等独具中国特色的课程。南华小学专门高薪聘请武术教练教学生练习武术。南洋小学学生的书法作品在校园中随处可见，并且很有功底。

临近春节，我们在校园中看到很多富有春节气息的布置，如灯笼、对联等。据了解，对于传统的节日，如端午节、中秋节等，学校都特别重视，都会组织专门的活动。中秋节时还会邀请家长和老人院的老人来参加活动。可见他们对于传统节日的重视程度。

南华小学教学楼设计成独特的"孔明帽"形状，寄予着教师、家长和社会对学生的期望：希望孩子们能成为像孔明一样有智慧的有用之才。楼道墙壁上有关于中国文化、历史的展板，还随处可见唐诗宋词，让人感受到一种浓郁的传统文化氛围。

传统文化是我们民族和国家的瑰宝，作为中国教师，我们有责任和义务，让传统文化滋润我们和孩子们的心田！

（三）提倡合作分享的教育

1. 家校之间的合作纽带——家长教师协会（家长支援小组）

南洋小学和南华小学都有一批高素质的家长支撑着学校的发

展，为学校的教育贡献着自己的智慧，在人力、物力上给予学校最大的支持。王校长曾经自豪地对我们说："在我们的家长义工中有全国著名的大律师、大医生。他们都在默默地为学校做事。"

我们参观南洋小学的第一天，校长请我们品尝了新加坡的几种风味小吃，很有特色。主人介绍说，为了欢迎我们的到来，家长教师协会的家长教师从自己家里带来了精心烹饪的茶点。家长教师协会的成员为学校各个部门的工作提供尽可能多的服务，他们的服务面遍及学校的行政管理、学生行为辅导、教学辅助、家校沟通等方面。例如：帮助辅导小学一二年级的学生学会到学校食堂用餐，学会自己买饭付钱，把吃过的盘子放到指定的地方；帮助学校做好图书馆的管理（一个家长教师全职担任学校的图书管理员，把学校图书馆管理得井井有条，布置成学生们读书的乐园），教师的阅览室就像家里一样温馨；帮助学生阅读，培养学生的阅读习惯，为学生们朗读故事，组织故事演讲活动；为一些需要的教师做好教学辅助工作，以便教师有更多的时间进行备课和教学；学校的运动会、学生的体能测试都有家长教师参与帮忙；学生外出游览时家长教师帮忙带队负责学生的安全。每逢重大节庆日，家长教师会准备丰盛的糕饼、糖果招待学生们。还带领学生们去邻居家拜年，亲善邻里之间的关系；家长教师协会还会组织一些特殊的活动，如家长和教师的联谊会，家长和家长的沟通会，组织家长在一起插花、跳舞、讲座等联谊活动，为家长的沟通交流搭建平台，使家长更好地商讨如何帮助学校发展；家长教师还会为学校承担一些行政事务工作，如接听电话、派发通知、招呼受伤学生等烦琐的工作，为教师和行政管理人员减少一定的工作压力。

的确，家长一直是学校办学中的重要资源，开发、利用好这宝贵资源，将会为学校带来无穷的财富，会给学校的工作带来很大的便利。作为一名教师，应该善于和家长交流沟通。

2. 教师之间的学习方式——分享课

在国内，我们习惯于各级各类的评优课和教学大赛，往往忙得不亦乐乎，筋疲力尽。可是当我们问及新加坡的评优课时，他们却一脸茫然。原来，他们没有评优课，只有分享课。教师之间可以分享教学经验，分享备课思路，还可以分享课堂教学。可以在学校分享，也可以在更大范围，乃至在全国进行分享。不评优，不比赛，这和我们是不同的，我们有时候可能更加关注评比的结果，到底是几等奖、第几名。可是，新加坡的教师更加关注过程，关注在这个过程中我分享到了什么，我是否为别人的分享创造了条件。心态也不一样，效果也不一样。希望我们在日常教学中也多一些分享的心态，多一些分享的做法。

（四）基于实际需求的德育教育

南洋小学的德育教育很有自己的特色。其中最有影响的是南洋小学推出的一项浸濡计划，意在让学生除了掌握书本知识之外，给学生们创设更多的生活体验环境，让他们在不同地域的文化背景生活中去体验，去感受。如每年会派六年级的学生到中国去，和中国的小学建立友好学校的关系，和友好学校的学生一起上课，一起生活，感受一种全然不同的生活方式。

为了使学校的德育不致落在表面，他们在德育方面主要从四个层面着手。

1. 学校定期召开大会，进行主题讲座。主办学校周刊，报道学校好的风气。用讲座和刊物引导学校的德育价值观。

2. 课堂教学传授。我们在语文课上深切地感受到了这一点，老师很重视对学生进行爱国主义教育。

3.为了更好地落实那些停留在认识层面的概念，学校针对不同年级的学生设置不同主题，给学生创设了实践活动的空间。

一年级：教育孩子爱护学校的环境。带他们检查全校教室、窗户电源开关是否关闭，对孩子进行环保教育。

二年级：带学生到图书馆帮忙整理图书，修补破损的书，教育学生爱惜书本。

三年级：到每间教室收集可以回收的垃圾，培养环保意识。

四年级：指导学生清洗厕所，布置厕所，创设清洁、整齐的厕所环境，锻炼学生参与公共事务的能力。

五年级：带五年级的学生去为孤儿院筹款，培养爱心。

六年级：带学生去幼稚园帮助小弟弟、小妹妹等。

4.完成每个主题教育后，教师、学生都积极写出活动的感受。

上述四个层面的德育教育做得很实在，没有花架子，注重从学生们身边的生活开始浸润，策划合适的德育活动，使学生在活动中渐渐养成良好的道德品质。这种有系统的策划，为学生创设了德育实践的平台，以帮助学生形成一定的德育品质。

（五）重视计划和问责的管理

"不说自己不相信的话"，这是南洋小学校长王梅凤说的一句话。他们在制订各种计划时更加注重计划的目标明确，有针对的对象；计划有很强的操作性，甚至包括如何开展活动，不空泛；计划呈现出阶梯目标；计划有效，不能成为一纸空文。他们提倡计划可以不多，最好不要遥不可及，抓住现实中某个问题思考科学而有效的步骤。不可行的计划说得越美好，实效反而越打折扣。

南洋小学部门主任办公室的墙上非常显眼地张贴着每个人的职责范围。王校长说，这样做的原因一是让每个教师明确他们各自的职责范围，有什么事需要帮助和解决可以清楚地找到具体负责的人，二是可以监督每个部门主任各负其责，学校的每件事都有专人负责，出了问题直接找责任人。

这虽然是一个很简单的管理理念，但是在现实中往往不容易落实。这启发我们，如果学校的管理不落实到细节处，就会有很多隐患。一旦制定了相关的问责制，每个人对自己的工作如果没有负责到位，将受到一定惩罚，这样就可以起到很好的监督作用。

经过几天的参观学习，我对新加坡的认识也变清晰了。如果只用一个字来概括新加坡，那这个字就是——小。

小，但不小气；

小，但不失精细；

小到极至，不能再小。

正所谓"否极泰来"，最后留在我们脑子里的，便只有它的"大"——教育的"大"！

（本文部分内容登载于 2008 年 6 月 14 日《现代教育报》）

看 见
—芬兰教育一瞥

以前看过《芬兰教育全球第一的秘密》这本书，对芬兰教育多了一份好奇与探索的欲望。2017 年 12 月，我们一行有幸来到芬兰奥卢，参观了奥卢的大学和小学，通过近 10 天的学习观察，我对芬兰教育有了一些粗浅的认识，现分享给大家。

一、芬兰教师眼中的芬兰教育

在芬兰期间，我们与学校老师交流是比较多的。在不断交流的过程中，感受到芬兰教师眼中的芬兰教育有以下特点。

（一）"身为教师我自豪"

交谈中可以感觉到，芬兰教师丝毫没有"我是一名小学老师"的自卑感。作为教师，他们有一种强烈的自豪感。在芬兰，教师职业是优秀人才向往的职业，每年的录取基本是十里挑一，这种严格的选拔制度在一定程度上保证了师范专业的生源质量，又有效避免了毕业生供过于求的问题，进而确保了师范专业的吸引力。

在这种严格筛选机制下产生的教师自然会有一种职业的优越与自豪感。另外，完善的社会保障和悠闲的假期时光也是令教师自豪的原因之一。

（二）"我的教学我做主"

在芬兰，教师对于自己的教学活动有充分的自主权。因为从事基础教育的教师没有任何考核和评比，这在一定程度上减轻了教师的压力，激发了教师的潜能。教师通常会根据班级情况自行制定出一学年的教学目标，确定教学方法，同时对教学计划要如何达成等做出自己的规划，也会针对自己过去的工作进行自我反思。他们普遍认为评比、评分会造成负面的影响，会降低学校对教师的信任度。他们更注重自我的生涯规划和自我的成长评价。

（三）"终身学习我最爱"

芬兰中小学教师的学历起点是非常高的。芬兰自 1979 年起就规定，获得一个需要 4~5 年完成的硕士学位是成为中小学教师的前提条件。因此，芬兰的教师普遍关注自我素质的提升，他们把终身学习当成最喜欢的事情之一。芬兰教师的终身学习也不仅限于纯粹学科知识方面的学习，他们注重的是所教学科如何教、如何学。他们更希望通过不断学习获得一种基于研究、探索的工作和思维方式。

二、我们眼中的芬兰教育

（一）课程内容

《芬兰课程标准》中，基础教育包含：母语（芬兰语、瑞典语或萨米语）、第二官方语言（瑞典语或芬兰语）、外语（英语、法语、德语、俄语等）、公民学、环境科学、宗教或伦理学、历史、社会、数学、物理、化学、生物、地理、体育、音乐、美术、视觉艺术、手工制作和家政。

在我们看来，芬兰教育是非常注重语言学习的，学生从一年级入学开始学母语，三年级开始学英语，六年级开始学习第二官方语言，到了初中，学生可以再选修一门语言课程。多语言学习提升了芬兰人的跨文化交流能力和国际竞争力。

另外，我们也感受到，芬兰的课程注重联系生活，关注学生的生存技能训练。他们的体育课运动强度很大，除体育课之外，每周还要进行两个小时的大体能运动。 他们还开设木工课、缝纫课，关注学生原始生存能力培养，让学生充分"动"起来，用双手锻炼大脑。

（二）课程实施

1. 充分体现学生学习的自主性

芬兰教育在课程实施的过程中尊重学生的自主性，给学生更多的自主选择机会。例如，学生面对两个平行班的两位主教教师，两个不同学科（数学、历史），可以自主选择上课学习的顺序，确保两天内完成两个学科内容的学习。另外，学生还可以自主结成学习小组，自主选择适合自己的学习难度级别。看似简单的做法，却充分体现出对学生的信任与尊重。

不过，这种自主并不等于放任，而是以信任为基础。我们看到，在教室内设置了学生信任等级区域，在不同的等级区域贴上学生的名字。高等级信任区域的学生可以自主选择室外学习，中等级信任区域的学生可以在教室内自主选择学习地点，危险等级区域的学生则必须在"不自主区域"，也就是教师身边学习。

2. 给学生提供尽可能多的合作学习机会

我们感受到，芬兰教育强调的不是竞争，而是合作。在他们看来，合作是教学目标，也是教育目标。从内容角度看，我们并没有发现我们认为的深层合作。但是，在教学中，学生合作学习无处不在，方式也很多样，合作学习效果也是不同的，的确促进了学生的交往能力，培养了学生的合作精神。

3. 关注、尊重每一个学生

在芬兰学校，处处可以感受到教师对学生的关注和尊重。课堂上，经常可以看到身高一米八的男老师很自然地单膝跪地蹲在课桌旁与学生交流的场景，没有丝毫做作。实际上，在芬兰，每一种类型的学生都是被接受、被肯定的，"全纳教育体系"已经被芬兰人写入宪法。教师尊重每名学生，为每一位学生的发展与成长提供机会与平台。

4. 创设以人为本的学习环境

在芬兰学校的教室里，我们可以看到灯光是可以根据天气情况调节明暗的，有助于保护学生视力。我们还看到可以根据学习需要随意组合的桌椅，乃至学习空间。这里的学习资源随手可得，就在学生身边。教师们通过自己用心的设计让学生的学习过程变得更有趣，让学生对校园生活充满期待。

5. 让学生在自然中学习、锤炼

芬兰教育注重让学生在自然中学习，他们为学生设置了游学课程，具体内容如下：一、二年级学生去圣诞老人村游学 1 天；三年级学生要去芬兰北部进行为期 3 天的冬令营；四年级学生要在芬俄边境露营 3 天；五年级学生要在奥卢东北部的山上露营 2 天；六年级学生每年 5 月要去与挪威相邻的群岛露营 1 周。这些课程有助于学生接近自然，学会生存，了解芬兰北部地区的人文历史、生存环境等。

三、我们眼中的芬兰学生

（一）自理和自立

经常可以看到芬兰学生在校内排队吃午饭的场景，由于学校食堂小，所以学生分批次吃午饭。从排队进入食堂，到用餐，整个过程都井然有序，没有喧哗，没有拥挤，可以看出学生平时的养成教育。另外，课间活动时，由于外面寒冷，学生需要穿上外衣再出去，活动之后回到室内再脱去外衣上课。这个过程中，无论是高年级学生还是低年级学生，都能够自己动手整理自己的衣物，动作迅速而丝毫不显得凌乱，令人惊讶。从这些细节可以看出，芬兰学校重视学生自理能力的培养，学生有较强的自立意识，自己的事情自己动手做，在公众场合礼让他人，恪守秩序。

（二）自由和自律

在我们看来，芬兰的学生是自由的。他们可以自主规划学习计划，自主选择课程，自主把握学习进度……这一系列自主的背后是教师对学生的信任，也源于学生的自律。在四年级的课堂上，我们看到教师安排了这样的学习任务：一是让学生介绍自己的家乡，可以从美食、人物、建筑等方面介绍（图文并茂）；二是让学生搜集并撰写新闻，发布在校园平台。任务看似简单，但是完成起来却很复杂。另外，在完成的过程中学生充分展现了自由、自主的原则，他们的课堂教学丰富多彩，学生从多个角度汇报交流任务的完成情况。另外，每名学生都能在自由的课堂氛围中畅所欲言，课堂激发了学生的创新意识，促进了学生的深度思考。

四、学生眼中的芬兰教育

和我们几位教师一同来到芬兰的还有8名学生，他们到芬兰后进入教室，和芬兰的学生一起上课，一起游戏，亲身体验了芬兰教育。在此过程中，我们请同学们写出了自己眼中的芬兰教育。

（一）有挑战的体育课

学生感触比较深的是这里的体育课。相比起来，芬兰的体育课运动强度很大，学生一节课下来身体得到了充分的锻炼。同时，体育课也比较有趣，学生乐此不疲，很喜欢这样的体育课。

（二）老师友善，同学热心

学生感觉到芬兰的教师非常友善，芬兰的学生十分热心。这固然有主人对待客人的客气在里面，不过也从一个侧面反映出了教师对于特殊学生个体的关注和支持。芬兰教育旨在让所有人都拥有平等机会，得到高质量的教育和培训。由此可见一斑。

（三）不懂就问，学玩合一

在学生看来，芬兰的课堂氛围是宽松和谐的。教师重视合作学习，给每名学生提供机会。学生不懂就随时提问，真诚地表达内心真实的想法，可以随时得到老师和同伴的帮助。学习与游戏、玩耍结合。在这种宽松的环境下，学生的个人潜能可以得到充分发挥，而且从小就心态平和、充分尊重和理解他人，更容易成为一个心智发展健全的人。

总之，芬兰教育作为世界教育的奇迹，确实需要我们以更开放的心态去学习借鉴。这种学习不是照搬，而是有鉴别地吸收，为我所用。当我们把着眼点放在每一名学生的成长和每一名教师的发展上时，"以人为本"的理念就会逐渐落到实处。让学校成为每一名师生生命成长的沃土与乐园，是我们不断努力的方向。